MARKETING PER VENDERE

Sommario

VENDERE 5
Introduzione 6
Il commercio dorato di una volta 11
I problemi che affliggono qualsiasi commerciante 26
Soluzioni che non funzionano e metodi sbagliati: gli errori da non commettere per gestire il tuo commercio 32
La soluzione 43
Le ere del Retail 48
La gestione finanziaria e amministrativa 65
Le basi del marketing: il posizionamento e la specializzazione 73
Strategie e azioni pratiche per riempire il cassetto 91
Strategie per acquisire clienti nuovi a costo zero 103
Impara un sistema di vendita concreto 113
   L'importanza di aumentare il valore di ogni acquisto 119
      Differenza tra Upsell e Cross-sell 121

Fornire un'esperienza eccezionale............128

L'organizzazione ottimale......................138

Il glossario del negoziante....................145

Conclusione......................................165

MINDSET..175

Introduzione.....................................176

I 7 punti del mindset Imprenditoriale..........178

Gli ostacoli più grandi.........................183

   L'imprenditore..............................184

Mettere in piedi il team: circondati delle persone giuste..................................194

La riunione aziendale..........................203

Cambia la tua mentalità........................218

Le persone giuste in ogni azienda o in ogni negozio..227

   Lo Store Manager: le mansioni del responsabile................................228

   Il commesso venditore: dalla vendita all'esperienza del cliente...................233

   Il titolare: il marketing strategico e la gestione finanziaria................................235

Conclusione: il glossario dell'imprenditore di successo..242

VENDERE

Introduzione

Benvenuto caro lettore, se hai scelto di leggere queste pagine hai un solo motivo: sei il titolare di un attività e ti trovi a un bivio. Non sai se continuare, se spendere ancora i tuoi risparmi e le tue energie o se vuoi mollare tutto.

Complice il periodo nero e la crisi, passata e recente, sono migliaia gli italiani che continuano a lamentarsi della troppa concorrenza, della crisi, dei clienti che non spendono, dei costi troppo elevati per mantenere in pieni un'attività. Allora che fare? Non voglio ingannare nessuno: il periodo che stiamo attraversando è davvero complesso e pieno di ostacoli, ma ti sei chiesto perché le altre attività continuando il loro lavoro e tu invece sei fermo al punto di partenza o credi di fare solo passi indietro?

Perché non tutti si piangono addosso: sono tanti i titolari di aziende e negozi che, passo dopo passo, stanno rivoluzionando i loro risultati per uscire da questo periodo buio che ormai dura davvero da troppo tempo.

I negozi sono sempre stati la mia passione ma ho capito subito che questa non basta: per riuscire al meglio, in ogni attività, servono le competenze e un sistema integrato. Ecco perché ho creato questo testo. Quando parlo di paure, errori, fatiche e sbagli che un titolare vive e commette è perché prima ancora le ho vissute personalmente sulla mia pelle. Le mie cicatrici sono state la spinta motivazionale per cambiare e cercare soluzioni pratiche, veloci e concrete per tutti quelli che, come me, volevano cambiare perché credevano nella loro aziende, nel loro negozio e nella loro attività.

Ho raccolto tutto quello che so in questo progetto, elaborando un metodo professionale per gestire il tuo negozio al meglio.

La voglia di aiutare tanti che come me hanno sofferto e non vogliono smettere di credere nei loro progetti, mi ha convinto a creare questo libro.

I miei consigli e la mia guida vale per tutti i settori del commercio, per tutti i negozi, fisici e online, e le aziende: vale per tutti quelli come te, titolari stanchi e demotivati, che hanno bisogno di un cambiamento rivoluzionario attraverso uno strumento chiaro ed efficiente.

Lo strumento che ti voglio consegnare, attraverso la lettura di queste pagine, è un metodo che sta dando maggiore libertà a chiunque l'abbia provato prima di te: ogni titolare di attività che ha messo in pratica questo metodo ha provato sulla pelle i suoi numerosi vantaggi. I risultati sono visibili da subito, sono misurabili e tangibili.

Spesso i titolari guadagnano meno dei propri dipendenti o, in casi estremi, svolgono in prima persona i compiti che richiedono l'uso di almeno tre collaboratori. Questo si traduce in stress, assenza di tempo libero e profonda negatività che si riversa tutta tra le pareti del negozio.

Vuoi continuare a passare ore in negozio, vuoi continuare a vedere la domenica pomeriggio sui libri contabili per far rientrare tutti i conti? Vuoi davvero aspettare che i clienti entrino da te senza alcuna spinta motivazionale?

La risposta è no! Non vuoi tutto questo, perché tu non vuoi accontentarti, vuoi metterti in discussione e vuoi crescere e far crescere il tuo negozio.

Io voglio che tu ottenga il massimo dal tuo negozio e anche dalla tua vita: sono qui per aiutarti a raggiungere il successo di tutti gli altri imprenditori che guardi con invidia. Questo libro è il mio modo per aiutarti a raggiungere questi risultati e raggiungere la qualità di vita che meriti! Leggilo con attenzione, studialo e soprattutto applica ogni strategia: il metodo funzionerà anche per te entrerai in azione e sarai costante nell'applicarlo.

Il commercio dorato di una volta

Se ci fermiamo a ricordare com'era il commercio anni fa, cosa ti viene in mente? Io rispondo i negozi illuminati a festa, la frenesia dello shopping natalizio, i regali di San Valentino, il consumismo che corrompe la nostra mente e i nostri risparmi. Il passeggiare sulle vie principali ammirare le nuove collezioni, salutare il nostro negoziante di fiducia, uscire per acquistare un nuovo paio di scarpe.

Chi apriva un negozio non era considerato un eroe: molti ereditavano l'attività di famiglia, altri acquistavano licenze per la chiusura dell'attività di un anziano commerciante che dopo anni e anni di sacrificio, era pronto a godersi la tua bella pensione.

Vent'anni fa, chi apriva un negozio non guardava con occhio preoccupato le strategie di marketing: all'epoca non esistevano i prezzi al ribasso, non c'era concorrenza estera, il manufatto italiano era preferito a quello oltreoceano. La concorrenza era poca oppure inesistente e il commerciante riusciva a offrire i suoi prodotti a prezzi dignitosi, che riuscissero a coprire le spese di gestione e far entrare a fine mese una bella somma. È stato questo lo scenario che ha visto la maggior parte dei commerciarti potersi permettere di acquistare il locale in cui aveva sede il negozio. Hanno investito nel mattone della loro bottega grazie a due fattori: la ripresa economica, tipica degli anni 80 e il nero.

Nell'arco di quarantacinque anni la struttura dell'economia italiana è cambiata profondamente, ma quello che avrebbe dovuto essere il punto di forza del capitalismo e cioè il rafforzamento della competitività ha subito i cambiamenti meno significativi, quando non negativi.

La grande impresa è rimasta debole e il sistema finanziario cristallizzato in un immobilismo patologico, cosicché, i vecchi limiti del capitalismo, dell'essere senza capitale, della scarsa attitudine a rischiare, dell'abitudine ad adagiarsi sull'investimento dello stato sono rimasti una costante della politica industriale italiana.

Dalla crisi degli anni settanta alcune imprese hanno tratto la forza per un rilancio e una rigenerazione; le piccole e medie imprese, reinvestendo gli utili, sono state in grado di affrontare le sfide dell'innovazione tecnologica se non addirittura della diversificazione dell'area di business, la grande impresa, per lo più, ha visto, invece, aggravati tre aspetti: il rapporto industria-finanza, la cultura imprenditoriale, la struttura familiare.

Uno dei punti fondamentali, che ha visto arricchirsi tanti e tanti commercianti dell'epoca è stata l'ignoranza del consumatore e l'esclusività dei marchi. Per quanto riguarda il primo punto, il cliente tipo che non aveva internet e non conosceva ancora come aggirare il mercato, poteva magari girare uno o più negozi per trovare un articolo simile a un prezzo inferiore di poche lire. Questo si collega strettamente al secondo punto: il commerciante era l'unico rivenditore di determinati marchi, per trovare lo stesso articolo il cliente doveva cambiare città e macinare diversi chilometri. Quindi il commerciante poteva applicare al prezzo di vendita il ricarico che più voleva e il cliente, pur di acquistarlo, non badava a spese.

Altro elemento di grande forza era sicuramente rappresentato dalla cara e nostalgica moneta italiana: la lira. La valuta dello Stato italiano a partire dal 1861, anno di proclamazione del Regno, fino all'introduzione dell'euro, cessando di aver corso legale nel lontano 2002, una data che i più nostalgici guardano con tristezza, soprattutto i commercianti.

Fino a poco tempo fa era un evergreen la seguente affermazione: "con 100.000 lire si campava cinque giorni, con 50,00 euro vivi tre ore". La frase, che ha scatenato uno dei più famosi meme del web, fa al caso nostro perché non vogliamo analizzare l'inadeguatezza dell'affermazione, quando il tuo messaggio celato tra le righe. Perché è vero, con la vecchia moneta in Italia il commercio riusciva a fare bei soldini. Ciò che ha bloccato questo processo oltre l'euro è stata sicuramente l'inflazione: perché è vero con la lira si riusciva a gestire più manovre economiche in contemporanea, ma i più dimenticato quel processo di aumento continuo e generalizzato del libello dei prezzi dei beni e dei servizi. L'inflazione si verifica quando aumenta la velocità di crescita dei prezzi e si riduce quando i prezzi crescono a velocità minore. Quindi era impossibile con l'evoluzione dei mercati e dello stesso commercio non entrare in questo vortice e diciamolo, una volta per tutte, finiamo di fare paragoni con le vecchie lire o cercare ancora oggi di valutare, in modo sempre errato, il prezzo in euro paragonandolo con le lire.

Per guardare ancora con nostalgia alle vecchie botteghe di quartiere ricordiamoci di tre pregi che erano sempre presenti in quelle mura: qualità della merce esposta, cortesia del personale e dello staff e orientamento al cliente. Se la prima è sempre più veicolata verso una qualità scadente per un prodotto davvero economico, la seconda sembra quasi appartenere a poche rarità. Nei negozi delle grandi catene nessuno ti guarda entrare e neanche uscire, tranne il personale della sicurezza presente all'ingresso che sicuramente non può aiutarci a cercare un maglioncino tagli L di color antracite. Commesse? Non pervenute e se si riesce nella titanica impresa di fermarne una loro non hanno tempo da dedicarci ripetendo la stessa canzone "tutto quello che abbiamo è esposto".

Prima invece nei negozi eri coccolato, seguito e consigliato. Se spendevi 5 o 10 ricevevi il tappeto rosso: complimenti, cortesia, gentilezza erano le qualità principali che contribuivano all'acquisto e sicuramente al ritorno del cliente in quel negozio.

Ma perché continuiamo a parlare al passato? Ora cosa è successo?

È successo che, una serie di azioni e problematiche, hanno preso il posto del vecchio commercio.

Ora i negozi sono in crisi, il commercio è in crisi: ma perché alcuni negozi continuavo ad aprire la serranda ogni giorno mentre altri la stanno chiudendo? La crisi non ha colpito tutti? Sì, ma non in maniera uguale.

L'emergenza Covid e la pandemia che tutt'oggi stiamo vivendo, ha messo in piedi molti commercianti: chi si è trovato a dover chiudere il suo negozio dal giorno all'altro e non ha avuto possibilità di guadagno, ma solo spese di gestione da sostenere; altri invece si sono reinventati e sono tutt'ora in piedi. Ma non solo il Covid, non diamo la colpa esclusivamente al virus se i negozi ora stanno affrontando una crisi (quasi) senza precedenti. Prima ancora i fattori che hanno portato diverse attività a entrare nella fase di crisi sono state:

- Le banche che hanno chiuso i rubinetti
- Le grandi catene che si sono moltiplicate a macchia d'olio e hanno prezzi bassissimi e prendono accordi con i brand a monte e quindi quando aprono

nella tua provincia ti soffiano l'esclusività di zona che avevi su alcuni marchi.

- Internet
- Lo stato e le tasse sempre più opprimente
- La tradizione dei "secondo me" e del "si è sempre fatto così" che ti porta a pensare che i metodi che funzionavano 20 anni fa e che hanno portato il tuo ex titolare o tuo padre ad avere successo siano ancora validi

Infatti l'emergenza è stata vista da diversi negozianti come il punto di svolta per il commercio: alcuni hanno messo in atto strategia di vendita diverse, altri hanno convertito i loro punti vendita in online shop. Ma il denominatore comune di tutti è stata la voglia e il bisogno di non cadere e fallire.

In questo clima di turbamento e pessimismo, dove il domani sembra più incerto che mai, le attività locali, piccole e grandi, hanno bisogno di una svolta: il futuro non è così buio come ci sembra ma le opportunità ci sono e sono a disposizione di chi ha voglia di rinnovarsi e rilanciarsi.

Perché le vecchie strategie andavano bene fino a qualche anno fa ma ora è necessario un cambiamento: internet, la concorrenza, la non esclusività dei marchi e le esigenze sempre più pungenti della clientela, spingono i negozianti di oggi a operare una rivoluzione totale del loro settore.

Lasciamo da parte numeri e statistiche: se la crescita dello shopping online si è imposta in maniera stabile nelle nostre vite, i mesi di chiusura forzata che i negozianti hanno affrontato non hanno certo alleggerito la situazione. La quarantena ha costretto milioni d'italiani a ricorrere allo shopping online ma non tutti hanno optato per questa scelta: alla prima apertura sono stati tanti gli italiani che hanno lasciato internet e hanno preferito provare i prodotti, tornare nei negozi di fiducia, passeggiare per le vie del centro con le shopper in mano. Certo dobbiamo considerare l'attuale riduzione della capacità d'acquisto e la ricerca, ormai diciamolo spasmodica, del prezzo più basso in prodotti di qualità. Infatti ora ci stiamo privando di tutto quello che non serve: meglio spendere 200 euro per un cappotto che potrebbe durare per anni invece che pagarlo 10 e doverlo buttare a fine stagione. Ora si acquistano meno prodotti ma essenziali: una pratica che era già in uso dalla crisi del 2008 ma che ora si è consolidata, preferendo l'acquisto di oggetti che abbiano davvero senso e che siano utili e durevoli.

Ma quindi, se davvero la situazione è questa, come può un negozio, magari di un piccolo quartiere, riuscire a resistere? Può farlo, stimolando i suoi clienti: nessun cliente entrerà mai in un negozio senza stimoli o coinvolgimento. La partita non si gioca più tra piccole e medie imprese, tralasciando i colossi, ma fra negozi che vendono proporzionalità e altri che si occupano di acquisti esperienziali. Su cosa puntare? Su un ottimo servizio clienti, su dei negozi vivaci e sull'integrazione con l'online shop.

Non è la vendita a essere in pericolo, ma tutti i punti vendita noiosi, con un marketing basico e promozioni ripetitive e una location anonima. L'unione tra tecnologia e design è quella che fa la differenza tra il negozio che vuole resistere nel futuro e quello destinato all'estinzione.

Lo shopping dev'essere divertente e stimolante: il negozio deve trasmettere il piacere di provare e scoprire i prodotti, il personale dev'essere educato e preparato e in grado di rispondere a qualsiasi esigenza del cliente. Il tuo negozio insomma, deve diventare un salotto dove il cliente può socializzare, sentirsi a suo agio, provare solo emozioni positive.

E per farlo possiamo pensare a tre particolarità da aggiungere al tuo negozio: la tecnologia, l'emozione e il design. Queste sono le caratteristiche che i clienti si aspettano di trovare oggi in un negozio: un'esperienza innovativa e intuitiva che sia allo stesso tempo emozionante e coinvolgente.

Per la tecnologia non ci limitiamo solo alla possibilità di acquistare anche online ma anche di tutti quelli accessori, a tratti futuristici, che possono rendere la permanenza all'interno del negozio ancor più affascinante: schermi interattivi, comunicazioni visive, sonore e olfattive che già nei più grandi negozi d'Italia iniziano a intravedersi.

Con emozione indento far diventare il negozio un luogo di esperienze, perdendo la classica connotazione e trasformandosi in ambienti dove provare cose nuove, relazionarsi e confrontarsi con il personale e gli altri clienti. Dei punti che mirano a connettere i sentimenti che vuol trasmettere il commerciante con il consumatore stesso.

Il design poi è il collante: ciò che distingue una bottega da una boutique, quello che accoglie e trattiene i clienti, quello che ci fa fermare ad ammirare un negozio per i suoi particolari. Il design combina la personalità del titolare, le caratteristiche dei prodotti che vivono al suo interno e si lega con le nuove tecnologie, che ribadisco ormai si rendono essenziali per competere sul mercato.

I negozi che riescono a metter insieme e far equilibrare questi tre elementi sono quelli che riusciranno a migliorare l'esperienza del cliente, sia online che in negozio, ottimizzare la catena di approvvigionamento, sviluppare nuove opportunità di profitto.

I problemi che affliggono qualsiasi commerciante

Alcuni potrebbero dirmi che sono tutte belle parole, altri progetti utopici, alcuni solo vane illusioni: un negozio che rimane in piedi ancora oggi non solo è coraggioso ma ha capito che è necessario un cambiamento a 360°. Perché il negozio non si ferma alla transazione della vendita, i problemi non si fermano se, a chiusura giornata, gli incassi sono pari allo zero. Gli ostacoli da superare per riuscire a far rimanere un negozio in piedi sono altri.

1. Sei schiavo del tuo lavoro

La prima cosa che deve entrare nell'ottica dell'imprenditore/negoziante è che il lavoro non è una condanna. Lo schiavo di cui parlo è il titolare tuttofare: magazzino, gestione, vendita, assortimento, pubblicità, contatti, arredo e design. Lui si occupa di tutto, non delega a nessuno alcuna Incombenza, lavora 14 ore al giorno, da apertura a chiusura e, spesso, porta il lavoro e i pensieri anche a casa. Smetti di essere il titolare tuttofare e ricorda che ogni compito può essere diviso nei membri della tua squadra o in professionisti esterni.

2. Soffri di stagionalità

Ci sono periodi dell'anno in cui si lavora molto, i negozianti lo sanno è Dicembre. Altri invece sono "periodi morti", per alcuni corrispondono a Febbraio e Novembre, per altri Agosto e Giugno. Chi ha il negozio in centro città soffre d'estate, soprattutto in quelle metropolitane, chi invece ha sede in località turistiche d'estate riempie la cassa.

3. Non riesci ad attivare nuovi clienti

Ogni negozio dovrebbe capire quale target è adatto alla sua vendita. Il target è la tipologia di clienti che vogliamo acquistino i nostri prodotti o i nostri servizi e si può capire quale clientela è più adatta a noi facendo un'accurata indagine di mercato. Avere un sistema di acquisizione clienti porta sempre una clientela rinnovata in maniera costante e prevedibile: per farlo inizia ad acquisire una strategia di marketing usando anche metodi di promozione come pubblicità in giro per la città. Devi individuare quei specifici clienti che vuoi frequentino il tuo negozio: sono loro quelli a cui puntare, le persone a cui vendere e quelle che vuoi aiutare con i tuoi prodotti e i tuoi servizi.

4. Non riesci a far spendere abbastanza o hai una clientela che spende poco

Ovvero non hai un sistema di massimizzazione del profitto per cliente. Solitamente il negozio che ha questo disagio si ferma alla vendita singola, non riesce a far proseguire l'acquisto e non ricontatta il cliente per offrirli nuove vendite promozionali o articoli simili a quelli che ha acquistato in passato.

5. Non converti i visitatori in clienti paganti

"Posso dare uno sguardo?", la classica frase di chi entra in un negozio e vuole osservare gli articoli esposti, farsi un'idea dei prezzi e della qualità. Questo succede perché non esiste una vendita collaudata e quindi si crea una discontinuità di servizio: l'esperienza sensoriale di cui ti parlavo prima non esiste e il cliente non è invogliato ne all'acquisto né a ritornare nel tuo negozio.

6. Lo staff

Non riesci a trovare dei dipendenti giusti, educati, motivati, che abbiano voglia di essere formati, che siano disposti a lavorare e che abbraccino il tuo progetto. Perché dopo la motivazione economica (non neghiamolo) dobbiamo trovare anche dei collaboratori che amino quello che facciamo, che abbiano la voglia di studiare i prodotti e i servizi. Se invece il problema è ai vertici i dipendenti si sentono allo sbaraglio: non hanno ruoli precisi, vendono scelti troppo giovani e magari sottopagati.

7. Assenza di utili

Che deriva da una ignoranza, dovuta o manifesta, della materia finanziari. Questo succede quando si ha la presunzione di sapere, e quindi non ci si fa aiutare da chi è del mestiere oppure il professionista scelto è un incompetente. L'assenza di utili deriva da margini troppo bassi, quindi da prezzi estremamente inferiori a quelli presenti sul mercato o da spese di gestione troppo alte, come il magazzino, la merce invenduta, un locale troppo costoso o il personale in eccesso. E non dimentichiamo le tasse: sappiamo che in Italia sono alte e sono uno dei più grandi problemi dei commercianti, ma perché gli altri negozi le pagano e continuano a essere aperti e altri invece hanno chiuso additano loro la colpa? Solo perché non è stata eseguita una corretta pianificazione fiscale.

Questi sette punti non sono gli unici ad affliggere un negozio, esistono anche tanti miti da sfatare, errori da poter evitare e strategie fallimentari che vanno assolutamente fermate.

Soluzioni che non funzionano e metodi sbagliati: gli errori da non commettere per gestire il tuo commercio

Chiunque diriga un'attività spesso si trova immerso nella quotidianità del suo lavoro da non avere neanche il tempo di fermarsi e riflettere su quello che succede all'interno del suo stesso negozio. Spesso il titolare-tutto fare si occupa dei clienti, della gestione di tasse e burocrazia, del persone, dei fornitori e delle banche. Tutto questo da fare si riversa su degli errori che vengono commessi e non vedono la luce fino al problema: spesso poi è troppo tardi. Queste problematiche rendono difficile il lavoro del titolare e nuocciono la stessa produttività del negozio: capire quali sono questi errori e riuscire a porvi rimedio è la mossa rivoluzionare per far funzionare al meglio la propria attività.

Queste soluzioni, che ovviamente non funzionano, potrebbero far al caso della tua attività e spesso vanno bene per qualsiasi settore: prenditi del tempo e prova a capire se anche tu commetti uno di questi "sbagli".

1. Lavorare troppo

In molti negozi e in tante attività il personale si riduce a una sola persona: lo stesso titolare. È lui che fa preventivi e prezzi, acquista la merce e i materiali, realizza il lavoro, emette fatture, va in banca, affianca i clienti, si occupa della pubblicità e delle stesse pulizie del locale. Spesso chi decide di gestire interamente da solo un'attività lo fa per due motivi: il costo che comporta l'assunzione di una seconda persona e la voglia di farcela da soli.

Ma la soluzione c'è, quasi per tutti. Quante volte hai tolto tempo alla famiglia, ai tuoi figli e a te stesso perché troppo occupato a gestire la tua attività? Quante domeniche sei rimasto seduto a controllare i conti e valutare i bilanci, quante ore passi a lavoro? Se la tua attività non ti lascia spazio per dedicarti ad altro, non stai lavorando da imprenditore e non stai costruendo il tuo futuro ma una gabbia.

L'imprenditore si occupa di selezionare e formare collaboratori e dipendenti, studiare nuovi prodotti o migliorare quelli già in vendita e conquistare nuovi clienti. I motivi per i quali dovresti iniziare a cambiare e ragionare in questo modo sono così riassunti:

- Più guadagni
- Migliore qualità della tua vita lavorativa e privata

Il vero limite in questa tua non scelta è quello di avere paura: paura di assumere, paura di non avere più sotto controllo la tua attività, paura di fallire. Ma nonostante queste paure le tasse e le spese aumentano, i clienti magari scarseggiano, la merce è sempre la stessa. Quindi impara a delegare e cercare dei validi collaboratori, trova nuovi clienti e rinnova la tua merce: questo ti porterà a maggiori guadagni e maggior tempo da dedicare a te stesso e alla tua famiglia.

2. Ragionare da consumatore e non da produttore. Non investire nella tua attività o farlo in modo sbagliato.

Un errore comune di molti titolari è quello di decidere per l'azienda come se si decidesse quale paio di scarpe indossare al mattino. Si può essere oculati per quanto riguarda la vita quotidiana, ma quando si deve decidere per la propria attività, i criteri devono essere differenti.

Questo servizio o prodotto che dovrei acquistare, è utile? Mi consente di risparmiare tempo o denaro? Rende possibili nuove soluzioni per i miei prodotti? Risolve un problema? Se si, dopo quanto tempo la mia attività è in grado di smaltirne il costo? I benefici che ne ricaverei nel medio-lungo periodo, sono superiori al costo immediato che devo sostenere?

3. Non avere un sito internet o averne uno intuire

Non neghiamolo: quando vogliamo acquistare un prodotto la prima cosa che facciamo è cercare informazioni su internet. Vediamo dov'è possibile acquistarlo, se online costa meno, se ci sono negozi della mia zona che lo vendono. Ma ancor prima cerco il sito ufficiale del prodotto: quindi ormai ogni attività, dalla più piccola alla più grande, deve avere un sito internet ben fatto. Non dev'essere troppo semplice o troppo complesso, deve far capire da subito quello che si vende, deve contenere le informazioni che porteranno i clienti a ricontattarti come numeri e mappa per raggiungere facilmente il negozio fisico, dovrà avere i prodotti in bella mostra e i relativi prezzi esposti. Il sito dovrà esser ben fatto e intuitivo ma soprattutto aggiornato.

4. Pubblicità d'immagine o istituzionale

Nel mondo del commercio, dal 2008 e per finire alla pandemia, ogni giorno sono migliaia le piccole e grandi attività che chiudono ogni giorno. I motivi sono tanti e ne abbiamo visti diversi, ma uno sui quali i più grandi e anche i più piccoli sbagliano è il modo con il quale si rapportano alla promozione pubblicitaria.

Nelle spese e nel bilancio, questa voce è una delle più elevate: cartelloni 6x3, volantini, tv e radio locale dove sai solo quanto spendi, davvero tanto, e non sai quanto ti rientra, spesso poco o niente.

Non tutta la pubblicità è funzionale: riempire la buca delle lettere di volantini è inutile, così come la pubblicità sul giornaletto del paese. Può funzionare in parte e spesso solo per le grandi catene, ma raramente con una piccola attività. Questo tipo di pubblicità è poco efficace, molto cara, non si rivolge al tuo target e non porta mai dei risultati misurabili.

Non sarebbe quindi meglio spendere meno ma avere la certezza che la tua inserzione sarà vista e letta solo dai quei potenziali clienti davvero interessati ai tuoi prodotti e ai suoi servizi?

Ecco perché è meglio preferire la pubblicità su internet: questa infatti ha costi contenuti e flessibili, si rivolge solo a persone interessate e ha risultati misurabili al 100%.

La pubblicità su internet, organizzata con un piano di marketing, potrà portare nuovi potenziali clienti che, una volta fidelizzati, torneranno nel tuo negozio e porteranno con se altre persone.

5. Continuare a fare sempre le stesse cose

Continuare a fare le cose come le hai sempre fatte, ti porterà sempre gli stessi risultati: è il momento di agire, correre rischi e cambiare. Questo Marketing della speranza, l'aspettare invano che i clienti entrino nel tuo negozio o che la crisi passerà, non ti porterà da nessuna parte.

6. Abbassare i prezzi e fare sconti continui

Avere sempre la scritta ben in vista "saldi all'interno" affissa in vetrina, oltre a sminuire i tuoi prodotti e i tuoi servizi, non farà altro che attirare clientela "cacciatrice", gente disposta anche a contrattare sul prezzo scontato del 70% e tu, pur di non perdere la vendita, cederai. Ma ricorda che non è questa la clientela di cui hai bisogno: i saldi vanno lasciati nella loro stagionalità o utilizzati in ordine temporale per feste o eventi promozionali.

Ora che abbiamo visto tutti quei notevoli errori, ho una domanda da farti e voglio che tu risponda con sincerità a te stesso: se domani mattina ti facessi trovare 1000 clienti fuori dal tuo negozio, saresti in grado di gestirli?

Rispondo io per te: no, non riusciresti mai a gestire quelle persone. Questo perché la tua mentalità non è da imprenditore e commetti tutti o quasi gli errori che abbiamo visto poco fa. Quindi la situazione che si prospetterebbe con un numero così elevato di clienti fuori dal tuo negozio sarebbe la seguente:

Clienti insoddisfatti e fatica sprecata: si pensa, erroneamente, che più clienti significhino più soldi, ma non è così. Meglio avere una clientela fissa, ma inferiore, che spende e spende bene, che basarsi su un quantitativo numericamente assurdo di persone che guardano, toccano, chiedono e non torneranno mai più.

Soldi che spariscono dal cassetto: in assenza di un piano fiscale e una gestione corretta delle finanze e dell'amministrazione, finirai con il prendere decisioni sulla base dei soldi presenti sul fondo cassa e mai sui numeri.

Staff demotivato e schiavitù nel negozio: i tuoi collaboratori sarebbero sopraffatti dalla mole di clienti e tu stesso saresti costretto a murarti nel tuo negozio per stare dietro a tutto e tutti e, come abbiamo detto prima, tu che vuoi esser imprenditore proprio non devi fare una mossa del genere.

Quindi, che facciamo? Ci disperiamo, tiriamo avanti finché possiamo e poi chiudiamo?

ASSOLUTAMENTE NO.

La soluzione, per te e per il tuo negozio, è nel prossimo capitolo: se hai voglia di scoprire come fare continuiamo la lettura insieme. In caso contrario ti invito a rileggere le pagine precedenti finché non ti convincerai che il problema non sono i clienti che mancano, ma sei soltanto tu.

La soluzione

E ora, dopo aver visto il problema, discusso sulla mentalità, visto gli errori e dopo che ti sarai fatto davvero tante domande voglio farti un regalo: la soluzione a tutti questi problemi, quella che ti farà riaccendere la speranza e anche la luce nella tua attività.

La soluzione è quella di immaginare il tuo commercio come una piramide: per ogni piano c'è una precisa definizione. Questa è l'unica esperienza formativa che ti fornirà tutto quello di cui hai bisogno per far diventare il tuo negozio e la tua attività, una macchina in grado di produrre profitti, soddisfazione e tempo libero. Tutte cose che ora non hai, dico bene?

La nostra piramide è così composto:

Alla base, nelle fondamenta, troviamo la Gestione finanziaria e amministrativa; un gradino più in altro troviamo la base, composta dalla strategia di Marketing. Queste fondamenta servono per sostenere i piani della tua attività:

1° piano = Vendita

2° piano = Esperienza cliente

3° piano = Gestione dello staff

4° piano = Organizzazione

Quello che tu dovrai imparare è che, tutti quei clienti e quelle persone che acquistano prodotti e servizi lo fanno per due motivi: risolvere i loro problemi ed esaudire i loro desideri, quindi soddisfare i loro bisogni. I clienti infatti vogliono: più salute, più benessere, più denaro, maggior tempo libero e popolarità, vogliono migliorare la loro immagine, avanzare negli affari ed esser sempre aggiornati, vogliono sicurezza e vogliono essere in grado di sentirsi migliori, desiderano Influenzare gli altri ed essere sempre alla moda, così facendo saranno parte di un gruppo e saranno d'esempio per chi gli ammira. Inoltre vogliono l'autonomia e l'indipendenza, non vogliono esser manipolati ma sempre creativi, desiderano soddisfare tutte le loro curiosità. Acquistano anche per il semplice gusto di collezionare oggetti, magari rarità, o perché un determinato articolo aumenterà il loro fascino. Lo fanno anche per migliorarsi mentalmente e spiritualmente e per esser riconosciuti come individui.

Quindi il cliente vuole soddisfare i suoi desideri, ma anche guadagnare da quell'acquisto: guadagnare tempo, soldi, immagine, popolarità, salute, benefici, tempo libero, fiducia e ammirazione. Allo stesso tempo il cliente tipo vuol esprimere la sua personalità e resistere al dominio degli altri, apprezzare la sua bellezza e il suo fisico quindi migliorarsi in via generale. Vuole essere socialmente accettato, aggiornato e creativo e soprattutto orgoglioso di quello che possiede, vuole essere il primo a fare qualcosa, magari proprio quell'acquisto di quel bel completo e venir riconosciuto come autorità.

Sono tante le cose che un cliente vuole, vero? Ti eri mai soffermato a pensare che dietro un acquisto ci fosse tutta questa componente psicologica e che la riuscita o meno di una vendita non si riducesse a una semplice necessità di consumo? No, non credo.

Tutti gli imprenditori che abbiamo incontrato e aiutato in questi anni, hanno sempre commentato in maniera positiva e agito con spinta ed efficacia a seguito del nostro metodo. Il Retail Formula è un vero e proprio corso ed è sempre in evoluzione, per stare al passo con il mercato e con il mondo. Tutto questo è stato creato per permettere al titolare, sì, proprio a te, di ottenere solo il massimo dalla propria attività. Tutto quello che troverai nella nostra soluzione sono strategie create e studiate pensando al mercato italiano, e che hanno efficacia proprio all'interno del nostro mercato. Nessuna americanata o complicazioni, niente linguaggio troppo difficile o pieno d'inglesismi: eliminiamo tutti gli elementi dannosi e diamo risultati misurabili al tuo negozio.

Uno dei primi luoghi comuni da eliminare, prima di affidarsi alla nostra soluzione, è il seguente: "se si è sempre fatto così, perché cambiare?". Proprio perché quello che è stato fatto non ha portato a nessun risultato. Con Retail Formula, potrai davvero cambiare il tuo modo di fare attività, il tuo negozio, i tuoi clienti e le tue rendite: non importa che tu sia un piccolo negozio o una grande azienda, tutti hanno diritto al miglioramento e insieme, con questo metodo rivoluzionario, possiamo farlo.

Le ere del Retail

Una delle domande che spesso mi viene fatta è la seguente: "come funziona il Retail? Qual è la sua storia e come si può sviluppare il suo percorso?". In questo breve capitolo, prima ancora d'iniziare il percorso vero e proprio che ti ha portato a leggere queste pagine, analizzerà la storia dello sviluppo del Retail e cercherò di fare chiarezza su alcuni punti che, troppo spesso, sono oggetto di semplificazioni e controversie. La chiarezza dei contenuti è fondamentale per capire fino in fondo quello che stiamo trattando e come tratte ancora più profitti dal potenziale, forse nascosto, della nostra attività.

La storia dello shopping è fatto antico: se nell'antichità esisteva il baratto e le materie prime erano la merce di scambio, con l'evoluzione e il passare dei secoli l'idea del commercio si è andata sempre più definendo verso la pratica comune che ritiene oggi lo scambio di prodotti con il ritorno monetario. Gli aspetti prevalenti che hanno caratterizzato il commercio in questi anni sono stati l'aspetto dei vari negozio, l'atmosfera, i vari servizi che venivano offerti ai clienti, la creazione e l'allestimento delle vetrine e la possibilità delle molteplici opzioni di pagamento.

- 1800-1899: Nascono i primi grandi magazzini: sono stati loro a trasformare l'esperienza del cliente rendendo le persone finalmente autonome all'interno del negozio. Nasce la possibilità di toccare e provare abiti e prodotti, i prezzi sono riportati sulle etichette e non c'è l'obbligo di servirsi del personale dipendente. I clienti ricevono informazioni sui prodotti, scoprono promozioni e offerte: è la prima volta che nasce il consumatore moderno, l'individuo che non conoscerà più regressioni ma solo migliorie.

- 1900-1919: Nascono i primi negozi self-service della storia: parliamo dei più antichi supermercati nei quali i clienti non consegnavano più la lista della spesa al commerciante e aspettavano i prodotti ma potevano girare liberamente tra i reparti e trovare da soli quello che cercavano. In contemporanea si crea il connubio tra i negozio e l'arte: sono i primi segnali della pubblicità che, in maniera silenziosa, inizia a presentarsi al pubblico.
- 1920-1939: Negli anni venti troviamo i primi segnali dell'esperienza sensoriale per i clienti: la musica fa da sottofondo agli acquisti e, molte boutique, iniziano a utilizzare fragranze per deodorare gli

ambienti dei negozi. È anche la prima volta che vengono creati e utilizzati i carrelli della spesa, un modo per facilitare ancor di più lo shopping dei clienti.

- 1940-1969: È l'era del consumo di massa: nascono i primi ipermercati, in terra francese e americana, grazie allo sviluppo dell'elettricità. Nascono anche i primi outlet che pongono le basi per la comparsa dei prezzi competitivi.
- 1970-1999: Con il passare degli anni e delle rivoluzioni, i clienti diventano goni giorno più esigenti. Possiamo indicare questi come egli anni d'oro del marketing sensoriali: i pionieri di questo movimento furono i negozi Abercrombie & Fitch che iniziarono a portare nei loro negozi profumi, schermi e musica. Gli anni Novanta hanno consacrato l'epoca della personalizzazione: prima fra tutte la Nike

che permise ai suoi clienti di personalizzare tute e scarpe con qualsiasi accessorio. Sono anche gli anni della nascita di Amazon ed eBay.

- 2000-2010: Inizia l'era dei negozi Pop-Up, i primi in Germania nel 2004; parallelamente inizia a farsi strada il nuovo modo per fare shopping dal web e attraverso i più moderni cellulari. Sono gli anni nei quali inizia a nasce l'idea essenziale di riuscire a fidelizzare la clientela come prima forma di strategia commerciale.
- 2011-2016: Il confine tra il negozio fisico e quello virtuale si fa sempre più debole, con notevole incremento delle vendite online: le grandi aziende sviluppano strategie commerciali online e offline e Amazon, controtendenza, apre i suoi primi negozi fisici.

E il futuro cosa ci riserva? Uno studio di alcune Università americane, da sempre attive su Retail, hanno stimato che entro il 2050 il settore del commercio al dettaglio dovrà trovare soluzione ai problemi dell'impatto ambientale e quelli distributivi, con una scarsità di prodotti che andrà a combattere con le nuove tecnologie. L'obiettivo quindi sarà quello di produrre tutto su richiesta, o quasi, invece che in grande scala: meglio affittare, invece che acquistare, meglio ancora riparare piuttosto che rinnovare.

Ma ora non focalizziamoci su problemi troppo lontani: pensiamo al presente. Vediamo quindi come sta cambiando ora la vendita.

Il termine Retail significa, appunto, "vendita al dettaglio", quella vendita di prodotti al consumatore finale. La vendita al dettaglio è l'ultimo anello della catena di distribuzione: il venditore al dettaglio acquista la merce dal produttore e la rivende ai consumatori per ricavarne un profitto. È quindi una "attività connessa con la vendita da parte di un'azienda direttamente al consumatore di beni o servizi che vengono da esso acquistati per il suo utilizzo personale o familiare". La vendita può avvenire attraverso vari canali, come i negozi fisici, quelli online, la consegna a domicilio, l'omnicanalità (nella quale il consumatore compire il suo viaggio verso l'acquisto passando senza soluzione di continuità dall'online all'offline).

Quando parliamo di Retail in Italia indichiamo le aziende commerciali, come ad esempio supermercati o negozi specializzati. Però una parte del mercato è composta da società di servizi nei settori alberghiero, della ristorazione, del benessere. Possiamo quindi dire che il Retail racchiude nella sua definizione una vasta area d'attività, ma per semplicità viene suddiviso in tre grandi settori:

- Prodotti alimentari: quindi tutti i generi necessari alla nutrizione delle persone;
- Beni di consumo durevoli: quindi elettrodomestici, mobili, stoviglie e altri beni che possono essere utilizzati più volte nel tempo, soggetti a un lento deterioramento;
- Beni di consumo: quindi l'abbigliamento e altri beni che possono essere utilizzati più volte nel tempo, ma sono soggetti a un veloce deterioramento.

Spesso contrapposto al Retail possiamo incontrare un altro termine, che ancor più spesso alcuni intendono come sinonimo del primo: parliamo del Whole sale. Con questo indichiamo la vendita all'ingrosso da parte di un'azienda a un'altra, senza imprese che svolgono in contemporanea entrambe le attività. Quando viene detto che un produttore realizza una parte delle sue vendite attraverso il Retail e un'altra parte attraverso il Whole sale significa che l'azienda gestisce direttamente dei punti vendita e, nello stesso tempo, offre i suoi prodotti in punti vendita indipendenti dalla prima. Un esempio di questo può esser visto nelle più grandi aziende, come supermercati, negozi d'abbigliamento (vedi Benetton) oppure di arredi per la casa (cucine e varie).

Il Retail fisico è sotto pressione a causa delle crescente concorrenza dell'e-commerce e della recente pandemia che ha inflitto un colpo notevole alla sopravvivenza delle realtà più piccole. Non a caso negli Stati Uniti, da tempo di parla dell'apocalisse del Retail. Se ormai si pensa che le aree commerciali, quelle popolate da negozi e centri commerciali, stiamo per essere rase al suolo o abbandonate come città fantasma, dall'altro lato i colossi dell'E-commerce, primo fra tutti Amazon, stanno scommettendo sugli spazi fisici. L'esempio più importate è stata l'apertura, nel 2008, del primo "Amazon Go", il supermercato totalmente automatizzato dove si può fare la spesa e uscire senza passare da casse né cassieri. Il negozio fisico resta dunque indispensabile, ma va ripensato e rivitalizzato con l'uso delle nuove tecnologie.

L'innovazione è soprattutto nel settore dei pagamenti: dal 2018 si stanno incentivano i sistemi per l'accettazione di pagamenti innovativi, soluzioni a supporto della fatturazione elettronica, dei sistemi di cassa evoluti e del mobile POS.

Altro recente e popolare fenomeno, che riguarda il mondo del Retail, è quello chiamato "Reselling", che consiste nel possedere un prodotto molto ricercato, come un'edizione limitata, e rivenderlo a un prezzo maggiorato a chi non riesce a ottenerlo in altro modo. Attualmente questo fenomeno trova piede soprattutto nel mondo delle sneakers, le ginniche targate Adidas o Nike: il fenomeno ha visto crescere il numero dei collezionisti, che in passato rappresentavano solo l'1% dei consumatori.

L'ultima frontiera del commercio è rappresentato da quello è stato definito il Retail 4.0: i negozi, sempre più connessi, offrono ai clienti varie formule per consultare le informazioni online attraverso totem o tablet, i più innovativi hanno creato addirittura pareti multimediali, app e Qr code. Questa tipologia di commercio utilizza anche l'Internet of Things che sicuramente avrete provato almeno una volta in un negozio d'abbigliamento. Questa tecnologia permette al cliente di scannerizzare l'etichetta del prodotto interessato per trovare la taglia giusta all'interno dell'intero negozio o, se manca in magazzino, sarà possibile ordinarlo direttamente dalla sede centrale e farlo recapitare a casa del consumatore o in negozio per il ritiro.

In quest'ottica, svolge un ruolo fondamentale la base marketing. Il Retail marketing è il marketing applicato alla vendita e ha l'obiettivo di stimolare e orientare l'acquisto dei clienti per aumentare il sell out del negozio e creare stimoli e un modo differente di percezione del cliente per stimolare la fedeltà verso il negozio (la cosiddetta fedeltà all'insegna, chiamata anche Store Loyalty). Ha un ruolo fondamentale nella strategia dell'impresa e del negozio, puntano sulla qualifica della sua strategia commerciale e andando a interpretare e orientare i bisogni del consumatore.

Il posizionamento del punto vendita consiste nell'identificare un segmento di mercato non servito o sotto servito e creare una strategia competitiva e stabile nei confronti dei concorrenti.

Il Retail marketing può essere inteso come l'uso congiunto e armonico delle leve di marketing a disposizione del titolare dell'attività. L'obiettivo dell'aumento della redditività del negozio, può essere ottenuta agendo su diverse leve operative. Fra le principali possiamo annoverare:

- L'assortimento dei punti vendita: svolge un ruolo centrale per lo sviluppo dell'impresa e possiamo considerarlo la variabile che si pone a monte delle altre e che più di tutte incide sull'immagine e sul posizionamento del negozio. È necessario però che all'interno sia presente una costante offerta in sinergia con le esigenze dei clienti: con questo intendo dire che bisogna combinare i prodotti, ottimizzare la gestione e il loro controllo e capire quali siano i prodotti davvero necessari e che dovrebbero rientrare nell'offerta dell'attività. Tutto questo, se combinato in maniera giusta, concorre alla possibilità di aumentare il fatturato aziendale e il flusso di clientela.

- L'offerta di marche commerciali: necessarie per attirare i consumatori e sviluppare la loro fedeltà, almeno per l'inizio. Tutto questo ha lo scopo di: ampliare l'offerta merceologica con un ampio ventaglio di brand; migliorare l'immagine del punto vendita, riguardo all'assortimento e alla convenienza; fidelizzare la clientela.
- La definizione dei prezzi: nello stabilire i prezzi dei prodotti va deciso il margine o la percentuale di ricarico da applicare, l'entità e la tempistica delle offerte promozionali. Per la definizione dei prezzi ci si avvale di un sistema di target pricing ovvero si stima il prezzo per il segmento di mercato al quale il prodotto

è rivolto e si valuta quanto sarà disposto a pagare. La politica di prezzo va sviluppata tenendo conto dei fattori che limitano la possibilità di decidere liberamente il prezzo.

- Le forme promozionali e il merchandising dei punti vendita: quest'ultimo attiene alle decisioni che riguardano l'ottimizzazione dello spazio espositivo agendo sul layout esterno, quindi sull'insegna, sull'ingresso e sulle vetrine, e su quello interno, quindi il layout delle attrezzature e quello merceologico. Ha inoltre una grande funzione comunicativa basandosi sul fatto che spesso l'acquisto di un prodotto è deciso dal consumatore direttamente al momento dell'acquisto.

Il Retail Marketing poi si poggia su altri criteri: uno di questi, quello che ritengo sia necessario includere in questo discorso, è quello riguardante la comunicazione sul negozio. Questa strategia, chiamata dall'economia "Sales Promotion", si basa sulle operazioni promozionali del negozio: convenienza, riduzioni di prezzi o aumento della quantità, aumento delle occasioni d'incontro per il consumatore, aree dedicate a un particolare tipo di prodotto all'interno del negozio. Tutte queste azioni sono veicolare da uno strumento ben preciso, anzi più di uno: sono i materiali POP che coordinano le comunicazioni nel punto vendita. Esse forniscono alla clientela elementi informativi e d'immagine relativi ai prodotti presenti all'interno del negozio. Tra questi rientrano la cartellonistica promozionale mirata, come locandine e cartelli da banco, strumenti per evidenziare il prodotto direttamente sullo scaffale attraverso espositori o segnaprezzi differenti rispetto a quelli usati di solito.

Insomma, qualsiasi sia il punto di vista, non è più possibile di pensare al commercio vecchio stampo: la tecnologia non va vista come il male del secolo ma come l'aiuto concreto per tutti i leader dei vari settori. L'importante è tenere gli occhi fissi sull'obiettivo: far crescere la propria attività e far aumentare il flusso di vendita. Nei capitoli seguenti ci concentreremo proprio su questi due aspetti.

La gestione finanziaria e amministrativa

Come abbiamo visto, alla base si trova la gestione finanziaria e amministrativa: è fondamentale che in ogni negozio e in ogni attività la gestione finanziaria e amministrativa sia perfettamente in funzione e sia affidata a professionisti.

Spesso infatti i titolari non riescono da soli a gestire i numeri: spendono i soldi nel modo sbagliato e non hanno la capacità di distinguere il conto del negozio da quello personale. Se continuano a prelevare banconote dalla cassa per i propri bisogni, come pagheranno quelli del negozio? Ecco perché è essenziale avere una contabilità ordinaria e un bilancio completo e far differenza tra il conto economico, lo stato patrimoniale e il rendiconto finanziario. In questo caso è necessario trovare un bravo e fidato commercialista che possa aiutare e supportare il titolare in queste stringhe di numeri. Guarda al commercialista non come un estraneo ma fa id lui il tuo migliore amico: dopotutto è quello che guarda nel portafoglio della tua azienda e sa perfettamente in cosa spendi i soldi che entrano nell'attività. Il motto è spendere i soldi nel modo giusto, nella giusta quantità e nel momento giusto e se all'inizio avrai bisogno del supporto di un esterno per riuscirci, con il tempo sarà una pratica che riuscirai a produrre in maniera autonoma e automatica. Sai che il 50% delle attività fallisce subito, entro i primi 2 anni dall'apertura e che solo il 90% di queste non arriva a spendere le 5 candeline?

Tutte quelle aziende che chiudono lo fanno perché non hanno puntato su una base salda, hanno ignorato l'importanza di avere una gestione finanziaria e amministrativa stabile e che si sono ritrovati con i conti in rosso ancor prima di poter inaugurare la nuova stagione.

Quello che molti ignorano è che all'interno delle attività esistono punti deboli e punti di forza, e che sono proprio i primi a dover essere studiati per arrivare ai secondi. Vediamo quali sono i punti deboli delle attività:

- Restrizioni economiche

Non è facile far quadrare il denaro che "entra" e quello che "esce". Poi non dimentichiamo che le banche, da anni a questa parte, sono restie nell'elargire aiuti, soprattutto ai piccoli imprenditori, che si trovano a fare i conti con carte, documenti, preventivi e un numero disumano di scartoffie. Inoltre non si riesce a usare il credito come strumento di vendita come invece possono fare le grandi aziende, che contano riserve finanziare molto ampie. In ultimo, soprattutto le piccole realtà, hanno difficoltà a rimanere a galla quando i loro prodotti non riescono a esser accettati e capiti dal mercato.

- Problemi di personale

Molti titolari non riescono a pagare i migliori stipendi e questo si riversa in qualità scarsa del personale o addirittura assenza dello stesso.

- Costi diretti più elevati

Un'attività non compra le materie prime, i macchinari o le forniture a prezzi bassi quanto può invece fare una grande azienda: questo si traduce in costi maggiori di produzione e quindi in prezzi di vendita più alti che purtroppo classificano il negozio come non concorrenziale.

- Puntare tutto su una carta sola

Una grande realtà può permettersi di fallire in un settore della sua attività e continuare a esser forte e presente sul mercato: un piccolo negozio no, non può farlo perché vulnerabile se il prodotto appena messo in vendita non funziona o se qualche mercato entra in recessione portando quindi i prodotti a essere obsoleti.

- Mancanza di credibilità

I clienti accettano i prodotti di grande aziende: comprano il marchio e il nome perché conosciuto e rispettato. Una piccola attività deve lottare per dimostrare la sua qualità ogni volta che produce un nuovo prodotto e deve lottare per imporsi sul mercato.

Ora invece valutiamo i punti di forza delle attività:

- Tocco personale: i clienti amano la personalizzazione: gioielli, borse, vestiti, accessori, qualsiasi oggetto che possa esser personalizzato ha il 60% di possibilità di diventare un prodotto vincente.
- Più motivazione: la chiave di un'attività e nella sua gestione consiste nell'opera del proprietario. Il titolare è quello che lavora di più, pensa, agisce e fa per la sua attività, la sua creatura. E quindi se il titolare è motivato a far sempre bene e sempre meglio, anche i suoi collaboratori lo saranno e questa energia positiva non potrà che riconoscersi nelle pareti del negozio e nei prodotti esposti.
- Maggiore flessibilità: l'attività ha il vantaggio competitivo principale di

essere flessibile: ovvero può agire in maniera rapida ai cambiamenti competitivi a differenza delle grandi aziende. Poiché conta meno vie di comunicazione, e linee di prodotto più piccole, con mercati limitati e magazzini vicini riesce in maniera rapida a cogliere un'opportunità e procedere nel modo più adeguato.

- Meno burocrazia: nell'attività i problemi vengono fuori con facilità: non esistono dirigenti o consigli di amministrazione da consultare e il quadro completo non è mai vasto e complesso. Quindi i problemi, qualora dovessero emergere, si capiscono con facilità e anche le decisioni da prendere per risolvere le difficoltà possono esser prese in maniera rapida con risultati da verificare in breve tempo.

- Meno vistose: i negozi riescono, grazie alla loro piccola realtà, a provare nuove tattiche di vendita e a introdurre nuovi prodotti senza attrarre attenzione ingiustificata o generare opposizione: la loro flessibilità è motivo di modifiche e ristrutturazioni più semplici e intelligenti.

Le basi del marketing: il posizionamento e la specializzazione

Andiamo ora a vedere quali sono le basi necessarie per il piano marketing necessarie per un'attività: il posizionamento e la specializzazione.

Il posizionamento

IL posizionamento è quell'analisi utile a studiare un mercato per comunicare una caratteristica distintiva di un marchio o di un prodotto, che ha il fine di rendere più visibile il messaggio pubblicitario. Lo scopo è far trovare al prodotto che vendiamo una collocazione di rilievo nella mente del potenziale cliente: il posizionamento è quello che guida tutto il processo del marketing, incluso il piano strategico. Questo è l'elemento che occupa la mente del cliente e che definirà il prodotto.

Il posizionamento è stato teorizzato da Jack Trout nel 1969 a cui sono seguiti, nel 1972, degli studi di Al Ries: questi concetti, teorizzati anni fa, sono validi ancora oggi. Il posizionamento viene considerato quel processo che crea l'immagine nella mente del consumatore: questa fa in modo che il potenziale cliente associ dei valori al prodotto, all'azienda o al marchio.

Il posizionamento è composto:

- Dalla creazione di una reputazione;
- Da tutte le azioni di comunicazione, attraverso i media e gli influencer per puntare al target di riferimento;
- Dalla verifica del modello di business, del piano di vendita e del ROI (Return on investment);

- Dal feedback sulla strategia e potenziamento.

Un esempio di posizionamento vincente è stato quello messo in pratica dalla casa di moda United Colors of Benetton: ciò che ha reso famoso il marchio è stato un maglione di lana prodotto in ben 36 colorazioni differenti. Ora questo brand, apparentemente in declino, ha abbandonato il suo posizionamento iniziale e ha esteso la sua produzione entrando anche in altre categorie merceologiche e cambiando target. Questo infatti è stato uno degli errori fondamentali che ha portato il brand al declino: il tuo compito, in quanto titolare, è di non fare lo stesso errore.

Per spiegarlo in maniera ancor più semplice, possiamo dire che il posizionamento è quello che porta i clienti a comprare da te e non dai tuoi concorrenti e non comprare neanche online:

devono venire in negozio e spendere da te, per il tuo prodotto e i tuoi servizi.

A differenza del posizionamento, e lo diciamo per amor d'informazione, nel marketing viene definito riposizionamento quando si tenta di modificare l'immagine che è stata per tempo associata a un prodotto, quando ad esempio l'azienda vuole differenziarsi rispetto ai concorrenti presenti sul mercato; parliamo invece di deposizionamento quando si vuole modificare la percezione del prodotto o della stessa azienda nella mente del possibile cliente, e viene usato strettamente connesso al riposizionamento.

La specializzazione

Nel marketing la specializzazione è quell'azione che permette all'azienda di posizionarsi a un livello diverso rispetto ai competitor, per il quale se vendi lo stesso prodotto non sei più comparabile. Avere una specializzazione permette di arrivare ai potenziali clienti come un professionista, una vera autorità in tutto quello che fai e che vendi: la specializzazione può riguardare un prodotto o un'intera categoria, ci si può specializzare su un determinato target o su un servizio specifico.

Per valorizzare e comunicare la tua specializzazione, devi diventare l'eroe del marketing: un vero esperto che impara come attirare i potenziali clienti e pone l'attenzione fissa sul concetto di target ovvero su quei clienti ideali, che sanno come spendere nel tuo negozio e avranno voglia e necessità di ritornarci.

Spesso chi apre un'attività o un negozio ha il desiderio unico di coprire le spese, creare uno stipendio e così facendo, rimanere schiavo della sua stessa creatura. Invece il passo da fare è quello di crearsi la mentalità imprenditoriale da marketer, quella che porta alla nascita rivoluzionaria del proprio negozio e permette di farlo all'infinito: partire da una piccola realtà cittadina e arrivare a coprire i confini provinciali, regionali, nazionali e del web.

Prima ti ho chiesto se fossi in grado di gestire 1000 clienti: la risposta, ho risposto io per te, era negativa. Questo perché il titolare-medio pensa subito a come acquisire nuovi clienti invece di capire prima di tutto come trattare queste persone.

Per farlo è necessario eliminare da subito quei falsi miti che uccidono la tua attività:

1. Il sogno di accontentare tutti: l'errore supremo, quello che danneggia e distrugge le aziende. Questo primo falso mito riguarda quella strana credenza che, un buon negoziante, dev'essere in grado ti accontentare proprio tutti i clienti.

Permettimi di dire che ciò è davvero impossibile: meglio pochi ma buoni, saranno quei pochi i tuoi clienti ideali, quelli che faranno traboccare d'incassi la tua attività e che porteranno a loro volta altri clienti. Sono loro quelli a cui puntare: quelli che, nonostante altri 100 negozi, scelgono e sceglieranno sempre il tuo e lo fanno perché solo tu sei stato in grado di offrir loro delle soluzioni. Il cliente da cercare è quello che spende molto di più rispetto al cliente normale: solo loro che ti daranno il denaro e ricompenseranno i tuoi impegni e i tuoi sforzi. Ma se decidi di accontentare tutti, queste "galline dalle uova d'oro" non le troverai mai. E per farlo, per trovare quella categoria prescelta, è fondamentale comunicare con l'oro attraverso il marketing.

2. Copiare gli altri, basato sul se ha funzionato per lui funzionerà anche per

me: non è assolutamente così. Smettila di copiare i tuoi concorrenti: questo è il vero inno alla specificità. Devi essere unico e differente, specializzato in un settore, risolutore di un problema, la prima scelta dei tuoi clienti. Il punto è comunicare per diventare primo della tua zona, non quello di tutti: essere cioè il leader per uno specifico cliente.

Questi miti sono quelli che distruggono la tua attività prima ancora che tu possa festeggiare in primo natale commerciale: eliminati questi due punti, la strada sarà meno ripida. È chiaro che i ragionamenti che ruotano intorno a questi falsi miti potevano funzionare anni fa: non esistevano i concorrenti, internet non c'era, il cliente non si spostava e concentrava tutte le sue spese nei negozi della sua città o della sua zona. Ma oggi, in un mondo pieno di concorrenti e in una lotta continua all'ultimo prezzo, non puoi permetterti di essere un negozio generalista: hai bisogno di specializzare te stesso e la tua attività, devi farti riconoscere e devi emergere dal marasma che ti circonda.

Proprio per questo, l'epoca commerciale che viviamo viene chiamata "l'era dell'attenzione": ovvero il periodo nel quale il titolare dev'essere in grado di distinguersi, far capire chi è e dimostrarsi capace d'investire usando tutti gli strumenti del marketing per comunicare il proprio messaggio. Così facendo riuscirai a persuadere il cliente, farlo entrare nella tua attività e convincerlo che scegliendo te e non gli altri avrà ciò che desidera.

Non hai ancora ben chiaro come fare? Ti metto davanti ad altre situazioni, frasi che almeno una volta nella vita di ogni titolare, sono state pronunciate o sentite:

- "Non ho abbastanza clienti";

- "Vorrei più ingressi";
- "Qui i clienti non hanno soldi";
- "Se non faccio sconti la gente non viene";
- "Se non compro quella marca le persone non vengono";
- "Se mando via 'Caio' perdo la metà dei clienti".

Se hai mai pronunciato una o più di queste lamentele, significa che stai producendo scuse: se l'hai fatto sappi che non hai costruito la tua identità, non ti sei specializzato. I tuoi clienti non ti riconoscono e non ti trovano e non capiscono che potresti esser tu la soluzione. Come sbloccare questo stallo mi dirai: differenziandoti.

Smettila di copiare il tuo concorrente, basta usare campagne pubblicitarie che odorano di anni '80, smettila di non inventare e creare e basta riempire scaffali e magazzino di qualsiasi merce trovi sul mercato: la vera soluzione è diminuire i prodotti che offri e che possono confondere i tuoi clienti.

Perché prendendo venti marche invece di due, magari consigliate dall'amico dell'amico o perché viste in quel negozio che, a tuo dire, fa incassi da paura, non ti porterà da nessuna parte. Questo non fa altro che distruggere te e la tua attività: togli quello che non ti rappresenta e che hanno tutti, elimina quello che vendi solo a una persona ogni 6 mesi.

Valuta, numeri alla mano, qual è il prodotto che vendi maggiormente: solo così potrai fare una cernita di articoli e prodotti e cestinare quelli che non funzionano, privilegiando invece quelli che più d'identificano. Le attività che oggi vanno avanti, quelle che tanto ammiri e invidi, sono quelle che hanno focalizzato le loro energie e le loro risorse su prodotti specifici: devi fare lo stesso, devi concentrare il tuo marketing e agire in maniera mirata. Il tuo marketing deve essere come una lente d'ingrandimento che mira direttamente ai potenziali clienti desiderosi di risolvere quel determinato problema; spenderai tutte le risorse per migliorare sempre di più il tuo specifico servizio, rendendolo più speciale e unico.

Ma per farlo devi avere una minima base di marketing e devi capire quello che stai facendo. Non bisogna mai partire da quello che piace, quando parliamo di specializzarsi: è essenziali capire in che condizioni ti trovi. A titolo esemplificativo, valutiamo alcune possibili condizioni (sono certi rientri in almeno una di queste) con la loro strategia differente da attuare:

- In competizione con un leader generalista della tua area di riferimento.

Il primo passo da fare è scegliere l'area di specializzazione: se il tuo competitor è un generalista e tu hai articoli simili, focalizzati su uno specifico target e cerca di accontentarlo e farlo in grandi numeri. Il punto è colpire il competitor. Se sei più piccolo del tuo avversario, colpisci dove lui non può arrivare: in questo caso potresti trasformare l'attenzione conquistando i clienti e soddisfacendoli dove il competitor non arriva perché non vuole impegnarsi in quel settore. Sappi che il negozio specialista vince su quello generalista, ma sai quando invece collassa? Quando vuole accontentare tutti e perde di vista la sua specializzazione: se vendi scarpe da donna, non inserire al suo interno anche uomo e bambino; se vendi taglie forti, non iniziare ad acquistare capi fino alla 42.

Le aree nelle quali puoi specializzarti sono infinite: è solo attraverso una creazione di sistemi unici che puoi scontarti con i "colossi" delle vendite e diventare la loro spina nel fianco.

- Il leader è conosciuto per qualcosa in particolare.

Scegli solo un'altra area di riferimento. Se il tuo competitor tratta le donne, tu punta all'uomo: per qualsiasi settore cerca sempre la componente più specifica, mirata e attiva, quella che farà breccia nel cuore delle persone.

- Il leader sei tu.

Se rientri in questa condizione, non cadere nel tranello di accontentare tutti: il leader sei tu, rimani concentrato: investi sempre e solo sulla tua specializzazione e per il tuo target.

Dopo aver fatto tanta teoria, passiamo alla pratica. Vediamo infatti quali sono i 5 passi da seguire per creare un posizionamento semplice ed efficace adatto alla tua attività:

1. Scegli la tua area di specializzazione.

Per farlo devi basarti su tre parametri:

- I tuoi concorrenti: se nella tua zona sono pochi e vendono qualsiasi cosa, scegli una specializzazione meno focalizzata. Al contrario se la concorrenza è spietata, restringi l'angolo di differenziazione a una cerchia più piccola.
- Il bacino d'utenza: ovvero il numero dei potenziali clienti, che fanno parte del tuo target, che sono presenti nel raggio di almeno 20 km dalla tua attività. Se vivi in una realtà provinciale piccola e magari isolata, dovrai per forza vendere altri prodotti oltre quelli nei quali ti sei specializzato; se invece ti trovi in una metropoli, riempi gli scaffali di una sola area di prodotti.
- I risultati che riesci a dare: se non hai una metodologia di lavoro, che ti porta

risultati misurabili e tangibili, non puoi avere una specializzazione unica.

2. Analizza i tuoi concorrenti e colpisci il loro "punto scoperto"

E ne abbiamo parlato poco fa: non partire da ciò che ti piace ma studia il nemico e attacca il suo punto debole.

3. Non smettere di vendere prodotti e i servizi di contorno ma smetti di pubblicizzarli

Non puoi smettere di vendere dei prodotti di punto in bianco: anche per questa strategia è necessario procedere con gradualità, iniziando a informare i clienti e modificando pian piano la vendita di quello che sarà eliminato.

4. Sviluppa la tua unicità

Per fare in modo che la tua specializzazione sia davvero vincente devi renderla unica: non potrà essere replicata da altri e neanche dai tuoi competitor. Crea un metodo personale e affiancalo ai servizio dei prodotti che vendi o meglio ancora crea un marchio che vendi tu in esclusiva.

5. Crea prodotti a marchio tuo

Il passo finale è quello che ti porta a creare un servizio unico (vedi punto 4). Quando crei un prodotto unico, che possiedi solo tu e che nessun altro potrà replicare, sei sulla strada giusta della specializzazione: hai costi strettamente legati alla sua produzione, hai libera scelta di pubblicità e sai perfettamente il fine ultimo che quel prodotto richiede. La vendita per il tuo servizio è compiuta, solo così sarai davvero specializzato e inserito in una strategia di marketing vincente.

Strategie e azioni pratiche per riempire il cassetto

Vediamo in cosa consiste e come poterlo calcolare il cash flow, l'indicatore essenziale dell'attrattività e della salute di ogni commercio.

Il cash flow, o chiamato anche flusso di cassa, è la più importante grandezza finanziaria per aziende e negozi. Spesso è la mancanza di liquidità che decreta il successo la crisi o persino il fallimento dell'attività. Non è raro che una società che genera ampi margini di profitto sia in sofferenza di liquidità, e quindi non sarà in grado di pagare tasse, fornitori o dipendenti a causa del flusso di cassa negativo. La gestione ottimizzata dei flussi di cassa è quindi uno degli obiettivi principali a cui tu, titolare, dovrai fare attenzione, sia se parliamo di una grande realtà o anche del piccolo negozio di quartiere.

Il flusso di cassa indica le variazioni positive o negative della liquidità della società, che si verificano in un certo periodo di tempo, solitamente quantificato nell'anno. In sintesi viene calcolata la differenza tra il reddito totale (il flusso di cassa) e le uscite monetarie (gli output in contanti): rappresenta quindi la quantità di denaro liquido che la società possiede in un certo momento della sua vita. Il suo valore è inserito nella contabilità generale che raccoglie sistematicamente gli scambi economici dell'attività con l'esterno, rappresentato in termini di costi e ricavi, con l'obiettivo finale di definire il reddito operativo. Il budget è la pietra angolare di questo controllo di gestione che mira a schemificare i dati che generano quotidianamente in azienda con l'obiettivo di renderli comprensibili ai responsabili delle decisioni aziendali e, allo stesso tempo, andando a soddisfare gli obblighi fiscali. La relazione economica è un documento sintetico che non consente di verificare la tendenza di una singola linea di produzione, il costo delle materie prime, la distribuzione o più generalmente la redditività di un prodotto. Ciò è possibile, invece, grazie alla contabilità analitica (industriale) che, grazie al flusso di cassa, entra nei dettagli delle specifiche prestazioni di una funzione o della linea di prodotti.

Questo flusso di cassa quindi è una misura della capacità dell'azienda all'auto-finanza senza dover ricorrere al debito. In pratica, l'analisi del flusso di cassa è uno degli strumenti principali per controllare la gestione finanziaria del negozio. Se il titolare è in grado di stimare i flussi di cassa su un data momento, è possibile prevedere le coperture necessarie per coprire i deficit di liquidità nel tempo. Tuttavia può anche prevedere altri usi remunerativi per la liquidità attuale, garantendo la solvibilità finanziaria e gli eventi imprevisti.

Ma come si calcola il cash flow?

Utilizzando la seguente formula:

EBIT (utile al netto delle tasse e degli interessi) + valore degli ammortamenti − le tasse.

L'EBIT, che rappresenta un ulteriore indice di bilancio, rappresenta il reddito operativo, che può essere reperito anche nel bilancio, quel documento che attesta la situazione economico-finanziaria dell'impresa.

Con questa formula possiamo calcolare il flusso di cassa dal bilancio: facciamo un esempio. Un negozio, nel 2010, ha registrato un reddito operativo, l'EBIT, di 20 milioni di dollari, un ammortamento di 16 milioni e ha affrontato spese per 7 milioni di dollari.

Con il calcolo che abbiamo stabilito avremo: 20 + 16 − 7 = 29. Il risultato altri non è che il flusso di cassa relativo all'anno fiscale del 2010 dell'attività, pari quindi a 29 milioni di dollari.

Come possiamo vedere in questo esempio il flusso è positivo, ma che succede se risultato ci pone un meno davanti al totale? Se il flusso di cassa è negativo bisogna correre ai ripari.

Un flusso di cassa negativo è un indice che l'attività non è in grado di affrontare pagamenti temporanei con liquidità. Questa situazione può verificarsi nelle fasi di una nuova attività. Non appena il punto di tensione è raggiunto, le vendite devono essere sufficienti per coprire i costi di produzione, la gestione finanziaria non deve solo dirigere la capacità di garantire agli investitori commerciali, ma anche di creare "liquido" nell'essere di coltivare attività commerciale. Pianificare e gestire i flussi di cassa e gli output con attenzione, serve a garantire che la respirazione finanziaria possa supportare l'attività senza traboccare.

Il flusso di cassa si può dividere per tre tipologie: il flusso di cassa operativo (FCFO), il flusso di cassa per l'impresa (FCFF) e il flusso di cassa disponibile per gli azionisti (FCFE).

- Flusso di cassa operativo (FCFO): è la misura della liquidità di cassa generata o consumata per effetto della gestione principale delle attività d'impresa. Per calcolarlo, si parte dal reddito operativo (EBIT), cioè l'utile al netto delle imposte e degli oneri finanziari che si ottiene sottraendo dal valore totale dei beni e dei servizi venduti tutte le spese sostenute per produrli. All'EBIT poi si aggiungono tutti i costi non monetari come gli ammortamenti, le quote del TFR e altri accantonamenti e il saldo della differenza tra crediti e debiti maturati.
- Flusso di cassa per l'impresa (FCFF): rappresenta la liquidità disponibile per gli investitori. Si ottiene decurtando dal capitale circolante netto, cioè dal saldo

tra attività e passività operative, le tasse e le spese pagate nel periodo di riferimento. Altro non è che quell'importo distribuito tra i titolari di azioni e obbligazioni della società e indica la stabilità finanziaria e la redditività dell'azienda.

- Flusso di cassa disponibile per gli azionisti (FCFE): misura tutto quello che può essere distribuito ai titolari di quote del capitale sociale dopo che dall'utile netto sono state decurtate le spese operative, le tasse, i rimborsi dei debiti.

La gestione della tua attività, ha il compito di puntare ad avere un flusso di cassa sempre positivo. Se si hanno i giusti liquidi è possibile pagare tasse, fornitori, stipendi dei dipendenti e tutte quelle spese che quotidianamente un negozio deve affrontare e anche pensare di fare altri investimenti per far crescere la nostra realtà. Per gestire in modo corretto il flusso di cassa, ci sono alcuni accorgimenti di cui tener conto e che il titolare ha il compito di mettere in atto: il primo passo da fare è quello di calcolare il periodico del reddito operativo e poi si procede con opportuni aggiustamenti. Ecco quali sono i più importanti:

- Mettere in atto strategie di rischi management efficaci: cioè monitorare i rischi della tua impresa e prevenire tutti i possibili scenari d'illiquidità. Per farlo è necessario valutare l'impatto della stagionalità delle vendite e l'incertezza economica che il negozio potrebbe affrontare in determinati periodi dell'anno.
- Gestire al meglio le dilazioni di pagamento: ovvero tenere traccia di tutte le dilazioni di pagamento concesse e programmarle per fare in modo che i

flussi d'incasso siano nel tempo sempre costanti. In questo senso è importante anche prevenire una percentuale d'insoluti: tutti quei pagamenti che, con buona probabilità e purtroppo succede, non verranno mai riscossi. In questo modo si eviteranno brutte sorprese e saremo pronti all'imprevisto.

- Aggiornare periodicamente le previsioni di budget: ovvero quel documento che indica la previsione della situazione patrimoniale-economico-finanziaria in un dato periodo di tempo, solitamente alla fine dell'anno o su base mensile o semestrale. La sua attendibilità aumenta man mano che passa il tempo e ci si avvicina al termine indicato: aggiornarlo e tenerlo sotto controllo garantisce una stima più affidabile del flusso.
- Calcolare attentamente gli ammortamenti di macchinari e impianti e

le scorte di magazzino: gestire in maniera corretta il tasso di obsolescenza tecnica d'impianti e macchinari permetterà di evitare svalutazioni massicce nella fase terminale della loro vita utile, che potrebbero penalizzare il flusso. In egual maniera pianificare le scorte è utile per evitare di non finire merce e prodotti senza immobilizzare le risorse del magazzino.

- Dotarsi di tecnologie per gestire in anticipo il cash flow: sul mercato sono presenti tantissimi programmi per gestire il flusso, facili da usare e dal costo moderato. Se i software non fanno per te puoi anche provare piattaforme online che offrono proiezione e gestione anticipata della tesoreria e del flusso.
- Svendere prodotti che non si vendono per generare cash flow: valuta e individua quali sono i prodotti fermi in

magazzino da tempo, sono loro quelli che non rispecchiano la tua specializzazione. Adotta una soluzione, come ad esempio una svendita e ottieni due benefici: far pulizia del magazzino, quindi togliere tutta quella merce e ottenere denaro.

- Utilizzare le card prepagate: sono molti i negozi che si sono convertiti a questa pratica. I motivi che spingono le attività nel creare delle fidelity card sono diversi, ma i più importanti si sintetizzano nell'incasso immediato e nella fidelizzazione del cliente. Ogni card può avere caratteristiche diverse: magari potete applicare uno sconto ogni tot acquisti, elargire omaggi, far partecipare a lotterie. Fate volare la vostra creatività anche qui.
- Concentrarsi sui clienti alto spendenti: crea un database dei tuoi clienti, valuta

quali sono quelli che ritornano più spesso e che acquistano i prodotti senza pensare al cartellino. Concentrati su chi spende di più e prepara loro offerte dedicate: saranno ancor più invogliati a spendere.

- Fare promozioni efficaci tutto l'anno: non serve offrire sconti ma sono molto più efficaci i bonus. Il cliente non sempre vuole aspettare i momenti dei saldi ma accetta di buon grado quando un negozio offre delle promozioni extra durante l'anno. Fai proposte mirate, dai una scadenza e definisci il budget di spesa.

Step per creare un'offerta irresistibile: cerca di creare un'offerta unica e irresistibile, che spinga il cliente nel tuo negozio e che lo porti a provare i tuoi prodotti e i tuoi servizi.

Strategie per acquisire clienti nuovi a costo zero

Per far crescere la tua attività non puoi fermarti alla specializzazione: il passo successivo è quello di far entrare i clienti in negozio, magari gente nuova che ancora non ti conosce e che vuole scoprire i tuoi prodotti e i tuoi servizi. Per fare tutto ciò è necessario generare un flusso regolare di nuovi clienti.

L'errore che molti titolari commettono è proprio sottovalutare l'importanza della strategia che si basa sull'acquisizione dei clienti: è diffusa la falsa credenza che basti una pubblicità e attendere l'apertura della porta ma così non è. L'approccio basato sulle probabilità non è mai vincente. Quello che invece io ti consiglio è un piano di strategie misurabili e ripetibili nel tempo. Non puoi aspettare che accada qualcosa o che i clienti ti trovino soltanto perché sei sul mercato o perché hai aperto una pagina Facebook.

Il mondo degli affari e del commercio è caratterizzato da una forte concorrenza e tu, che sicuramente lo sai bene, devi riuscire a crearti il tuo bacino di clienti. Una volta trovato il tuo target, devi fare in modo di raggiungere ognuno dei tuoi nuovi potenziali clienti.

Basta affidarsi al destino ma prendi in mano la situazione. Sapere come acquisire nuovi clienti è quello che fa la differenza tra un negozio sempre in crescita e uno fermo al nastro di partenza.

Per aumentare le tue entrate e trasformare ignoti in clienti paganti devi cambiare strada e iniziare a fare marketing e, per farlo, non puoi esimerti dall'utilizzo della tecnologia e del digitale. Prima di vedere quali sono le strategie che ho riservato per te ti spiego brevemente come funziona l'acquisizione dei clienti. Questo processo si articola in tre fasi:

- L'aggancio: il cliente scopre il tuo negozio o la tua attività e inizia a mostrare interesse;
- La qualificazione: dopo che ti ha scoperto, il cliente ti inserisce tra le sue potenziali scelte e inizia il processo di valutazione;
- La decisione: il cliente apprezza il valore del tuo prodotto e decide di acquistarlo.

Sembra facilissimo, non è vero?

Ogni passo però va svolgo con occhio professionale, consapevolezza e attenzione sempre rivolta alle esigenze del cliente: ecco perché ti parlavo della necessità della specializzazione. Non dimenticare però che anche i clienti hanno un costo: esatto, acquisire nuovi clienti ha un costo ecco perché è ancor più necessario avere una strategia, un piano d'azione, e sapere a quali clienti rivolgersi e quali invece sono da scartare, pena una perdita di tempo e di denaro.

Capire quanto costa un cliente è importante perché permette a te titolare di misurare il ROI, il ritorno sull'investimento, e anche per dare un valore reale alle tue azioni di marketing. Il costo di acquisizione del cliente, il CAC, è il costo totale impiegato per la vendita e le azioni di marketing richiesto per guadagnare un nuovo cliente, in un determinato periodo. La formula per calcolarlo è la seguente:

- Costo di acquisizione cliente - cac

Questo costo include anche le spese di gestione, il costo delle azioni di marketing, il costo dei software, gli stipendi, le commissioni e le spese generali. Se calcoli questo costo sarai in grado di valutare quanto efficace sia la tua strategia e a quanto ammonta il tuo ROI.

Ti faccio un esempio molto semplice ma pratico, per capire ancor meglio l'importanza di questo passaggio: se tu vendi gioielli e ogni cliente ti venisse a costare circa 300 euro, sarebbe un costo che vale la pena sostenere. Invece se hai una rivendita di articoli per l'igiene domestica e ogni cliente che acquista un detersivo ti costasse sempre 300 euro, devi assolutamente rivedere la tua strategia.

Vediamo quindi quali sono queste strategie per aumentare le tue vendite e avere nuovi clienti a costo zero, o quasi:

1. Riattiva i vecchi clienti

Sì, perché non farlo. Contatta i tuoi vecchi clienti, magari quelli che hanno fatto acquisti in passato ma che, nell'ultimo periodo, non sono venuti in negozio proponendoli l'offerta del momento. Sono persone che già ti conoscono e che hanno provato i tuoi prodotti e i tuoi servizi: sarà più facile iniziare a vendere a loro senza dimenticare che così facendo il costo di acquisizione dei clienti è già stato assorbito.

2. Passaparola incentivato (Referral)

Il vecchio passaparola... Perché non farlo tornare di moda? Chiediamo ai nostri clienti di portare i loro amici, i loro familiari e spargere la voce tra i conoscenti: sono persone che hanno sicuramente qualcosa in comune ad esempio la capacità di spesa. Possiamo, anche in questo caso, dare un incentivo a entrambi sia al cliente che al nuovo arrivato: uno sconto o un'offerta. E perché non coinvolgere anche i membri del nostro staff? Potremmo dare a ogni dipendente un Coupon da regalare ad amici e parenti e potremmo indire una gara nello staff: il dipendente che, in un tempo stabilito, avrà portato il numero più alto di clienti o quello che avrà portato il fatturato più alto, riceverà un premio. L'importante è che il premio non provenga dal negozio ma sia un oggetto esterno: loro vivono il negozio ogni giorno e dovrebbero già avere uno sconto o comunque dovrebbero già aver acquistato quello che ritengono utile. Magari scegliete una cena in un ristorante della zona, una seduta in un centro benessere, una gita fuori porta.

3. Collaborazioni o Partnership (Joint venture)

Trova altre attività che si rivolgo sempre al tuo stesso target di clienti ma che rivendo un prodotto o un servizio completamente diverso: bar, ristoranti, palestra, centro estetico, supermercato. Quindi trova l'attività, contatta il suo titolare e crea un rapporto con il partner, consegna i coupon e verifica i risultati: spendendo in entrambe le attività il cliente avrà offerte e sconti in entrambi i negozi.

4. Convenzioni aziendali

Una strategia che si è rivelata spesso vincente è stata quella di stringere accordi con aziende strutturate e con professionisti come avvocati, notai, commercialisti, banche, uffici pubblici e associazioni di categoria. Per loro un 10% su prodotti e servizi mirati oppure un bundle di prodotti a un prezzo promozionale. Dopo che saranno entrati in negozio sta a te fidelizzarli e farli tornare in futuro, magari con amici e parenti (ed ecco che ritorna il passaparola). Per stringere questo tipo di accordo, trova l'agenzia che credi possa fare al tuo caso e incontra il responsabile: presentati preparato e sicuro di quello che stai per offrirli, magari portandoli in omaggio un tuo prodotto così da portelo provare. Le convenzioni aziendali diventano sfruttabili anche in festività particolare, ad esempio a Natale dove le aziende grandi fanno regali ai dipendenti, in questo caso offrirsi di occuparsi dei regali ai dipendenti.

5. Crea eventi magici

Ci sono dei mesi che vengono definiti "i periodi morti del commercio", pensiamo a novembre o febbraio, troppo presto per gli acquisti di natale e troppo vicini a quelli già scartati. Perché non sfruttare anche i momenti di calma piatta reinventandoci? Puoi creare degli eventi, delle giornate a tema: definisci il quando, la durata, il dove, crea l'allestimento, poni un obiettivo, stabilisci un'offerta speciale e fai anche un regalo ai tuoi dipendenti per la buona riuscita dell'evento. Durante queste giornate è preferibile offrire un'offerta unica, come una sfilata o una presentazione, oppure invitando un ospite, magari un esponente locale, che piaccia al pubblico e creare una serata d'intrattenimento nella tua attività. Omaggia tutti quelli che parteciperanno: un piccolo pensiero, che richiami sempre il tuo negozio e che spinga anche a chi è entrato da te per la prima volta incuriosito dall'evento a tornare il giorno dopo per valutarti con calma e tranquillità.

Queste strategie possono combinarsi all'uso d'Internet e della tecnologia utilizzando anche ulteriori "aiuti", come:

- La creazione di un sito web e un profilo sui social più adatti per il tuo target, scegliendo quindi i giusti canali;
- Una strategia di content marketing e una pubblicità efficace e mirata;
- La costruzione di un percorso per l'acquisizione dei clienti che termini con l'assistenza clienti che sia efficace e intelligente.

Impara un sistema di vendita concreto

Tutti pensiamo che la vendita sia sempre e solo affidata ai commessi, categoria spesso sottopagata e ancor più spesso non appartenente alla realtà dei prodotti o dei servizi che rivende. La differenza che voglio porre ai tuoi occhi sta nella definizione di base, cioè nella differenza tra un semplice commesso e il Commesso Venditore.

Il primo è lasciato in balia di se stesso: non sa cosa fare, non ha ricevuto una formazione adeguata, il suo compito finisce quando arriva l'orario di chiusura, non spende più energie di quelle necessarie e non si impegna per aumentare le vendite e il flusso dei clienti.

Il Commesso Venditore invece è tutt'altra cosa. Ha ricevuto una formazione più che adeguata e continua sempre a rimanere informato e aggiornato riguardo all'attività che promuove e alle strategie di marketing più moderne. Inoltre ama quello che fa, crede nella realtà in cui si trova e sarebbe il primo dei clienti ad acquistare tutto quello che sistema quotidianamente sugli scaffali del negozio. Il Commesso Venditore inoltre conosce e segue scrupolosamente le regole della vendita perfetta e le strategie di massimizzazione del profitto.

Le fasi della vendita sono degli step che qualsiasi addetto al settore dovrebbe conoscere e applicare: compito del titolare è quello d'imparare in prima persona questi dettami e formare il suo staff a riguardo.

Le 5 fasi della vendita

Fase 1: **l'approccio**

Quando un potenziale Cliente entra in negozio viene considerato un "visitatore sconosciuto".

Importanza fondamentale viene data all'accoglienza: il cliente deve sentirsi accolto al meglio e messo subito a suo agio, non va considerato come elemento di disturbo, è lì per spendere! In questa fase il potenziale cliente inizia ad apprezzare il negozio e prende confidenza con l'ambiente e con i prodotti contenuti al suo interno.

Fase 2: l'analisi delle esigenze

In questa fase il venditore inizia ad analizzare le esigenze e i desideri del cliente: con domande a contenuto efficace, lo accompagna verso il terzo livello. Questo è il momento in cui in visitatore si mostra interessato alle offerte, ai prodotti e ai servizi del negozio, e inizia a conoscere e valutare.

Fase 3: la proposta

La fase nella quale al venditore viene chiesto di mostrare le sue abilità di vendita, facendo esplorare il cliente nell'ambiente e iniziando a prepararlo per il livello successivo.

Fase 4: la gestione delle obiezioni

Nulla di preoccupante, non facciamoci spaventare dal nome. Questa fase vede il potenziale cliente manifestare il suo interesse verso il negozio e i suoi prodotti o servizi. È anche la fase in cui si presentato le varie obiezioni che servono al cliente per capire meglio il prodotto che si trova davanti e approfondire la sua conoscenza. Al venditore viene chiesto di gestire le obiezioni nel migliore dei modi, per portare il potenziale cliente al livello seguente e completare il percorso di vendita.

Fase 5 + 1: **chiusura e post vendita.**

L'ultima fase è quella della chiusura della vendita, quella che potrebbe portare il potenziale cliente, a seguito di un percorso così strutturato, a diventare un abituale del nostro negozio o un cliente vero e proprio. È il momento in cui viene deciso se l'acquisto sarà completato e molto di questo è fatto dal Commesso Venditore.

Il percorso potrebbe completarsi con l'ipotetica fase +1, un sesto e ultimo livello, che permette d'investire sulla relazione a lungo termine con il cliente: quella appunto che trasforma il Cliente Visitatore in un fedelissimo del negozio, perché ha trovato quello che cercava, ha soddisfatto i suoi bisogni e ha trovato un'esperienza di vendita di alto livello.

Queste fasi sono quelle che fanno capire, soprattutto ai Commessi e ai titolari che se un acquisto non va a buon fine la "colpa" potrebbe spesso essere la loro. Emerge infatti la consapevolezza di quanto sia importante avere un ruolo attivo e chiaro delle proprie responsabilità e che tutte queste fasi vanno seguite con scrupolo per ogni singolo Cliente Visitatore.

Queste fasi e tutte le riflessioni che possono comportare, sono il più utile degli strumenti che permettono d'individuare i comportamenti corretti da tenere per alzare il livello di coinvolgimento del cliente e portarlo a diventare un nostro fedele. Un percorso che ogni negozio deve considerare e di cui parlare nelle riunioni dello staff, senza mai dimenticare che l'obiettivo finale di ognuno, dal titolare al dipendente, è quello di far diventare il negozio un regno della vendita. La principale responsabilità infatti di ogni singolo componente che lavora in un negozio o in un'attività è quella di portare ogni visitatore ai livelli superiori, continuando ad allenare le proprie competenze rispetto alle singole fasi della vendita.

L'importanza di aumentare il valore di ogni acquisto

Ma non basta studiare alla lettera le fasi e metterle in atto: per fare in modo che l'esperienza di vendita sia coinvolgente e proficua, ogni bravo venditore deve tener conto di due strumenti. Sono due strategie di marketing molto utilizzate che prendono il nome di Up-sell e Cross-sell: da McDonald ad Amazon, passando per i brand di lusso e per finire alle piccole realtà locali, questo mix del marketing combina l'arte e la scienza d'indurre i clienti ad acquistare dei prodotti complementari a quelli che in quel momento suscitano il loro interesse.

Secondo la più semplice delle definizioni l'Upsell significa portare il cliente verso un prodotto più costoso e qualitativamente migliore rispetto a quello che è orientato ad acquistare. Il Cross-sell invece significa vendere un prodotto o un servizio in più rispetto a quello che viene richiesto dal cliente, che si presume quindi abbia già confermato il suo primo acquisto.

Ti stai chiedendo se queste due strategie funzionando davvero? La risposta è sì: fermati a pensare qualche secondo se non ti è mai capitata una situazione simile durante un acquisto e prosegui la lettura.

L'Upsell e il Cross-sell funzionano per un solo motivo: il cliente ha già compiuto il passo più importante, ha già deciso di acquistare. Ha il portafoglio già aperto, le banconote pronte e la carta di credito in mano: il 65% dei clienti che approfittano di un upsellling lo fanno solo se viene loro offerto immediatamente al momento dell'acquisto id un altro prodotto. Sì, è vero, c'è un motivo di ordine psicologico che avvalora questa tesi: ma immagina alle entrate che si raddoppiano se inizi a usare queste strategie nel modo corretto. L'acquisto di un prodotto in aggiunta, che fornire quindi un valore maggiore per il cliente, rende ancor più facile la vendita originale.

Differenza tra Upsell e Cross-sell

Entrambe le strategie vengono spesso confuse e i due termini vengono usati come sinonimi: ma non fare questo errore, c'è una differenza sostanziale tra entrambi e per capirla ti farò un esempio pratico.

Un cliente vuole acquistare nel tuo negozio un cappotto del costo di circa 600 euro: dopo aver visto l'articolo, il venditore propone diverse opzioni come cappotti differenti, ovviamente qualitativamente migliori, al cappotto "puntato" dal cliente. In questo caso il venditore sta cercando di effettuare un Upsellling, ovvero vuole indurre il cliente a comprare un cappotto migliore e più costoso rispetto a quello scelto all'inizio. Sta quindi cercando di convincere il cliente a spendere di più per un prodotto uguale o simile a quello che sta esaminando: questo è l'Upsell.

Il Cross-sell invece significa offrire a quello stesso cliente un prodotto di una categoria completamente diversa da quella dell'acquisto che ha in programma, che può essere complementare o funzionale al primo: tornando al cliente di prima, non pensate che a quel cappotto manchi qualcosa? Perché non provare ad abbinarci una sciarpa in cachemire? Ecco pronto il Cross-sell. L'obiettivo infatti è quello di offrire al cliente un beneficio maggiore o un vantaggio quasi irrinunciabile: senza quella sciarpa il cappotto sarà solo un banale e semplice cappotto.

Per continuare con gli esempi pensa a quando acquisti su Amazon: quante volte ti capita di selezionare un articolo e vedere in basso "i clienti hanno acquistato anche..."? Oppure quando prenoti un viaggio online: oltre alla prenotazione dell'hotel ti vengono suggeriti ristoranti, attrazioni e noleggio auto. Questi sono esempi perfetti di Cross-sell: farlo nel modo giusto non significa solo convincere il cliente a spendere di più, ma vuol dire anche renderli la vita un po' più semplice grazie agli acquisti aggiuntivi.

Ora potrai farmi una domanda più che lecita: ma cos'è meglio applicare, Upsell o Cross-sell?

Ovviamente l'uso dell'uno o dell'altro va considerato in base al tuo business e all'obiettivo a cui aspiri, ma tieni a mente questi suggerimenti:

- L'Upsell funziona 20 volte meglio del Cross-sell quando si tratta di pagine di prodotto: in questo caso c'è un aumento, quasi del 5%, delle vendite online totali, contro la percentuale minima dello 0,3% di quelle vendite che sono state generate dalle tattiche di Cross-sell.
- Ma non è così facile scegliere altrimenti tutti userebbero l'Upsell e il Cross-sell sarebbe solo un fallimento. Infatti il Cross-sell si è dimostrato molto più efficace ad acquisto quasi compiuto: insomma, quando hai già deciso di acquistare qualcosa, e sei pronto a pagarlo, non ti costa niente aggiungere un altro prodotto.

Anche se fare l'up sembra la cosa più facile in realtà è necessario applicare una strategia precisa e articolata, non esente da "effetti collaterali". Sì perché se ti spiego quali sono gli aspetti positivi di queste applicazioni, ho il dovere morale di spiegarti anche quali potrebbero essere le controindicazioni d'uso o meglio, quello che potrebbe succede se non applicassi in maniera corretta questa strategia.

Devi conoscere a fondo i prodotti con i quali mettere in pratica l'up: la quantità, i clienti, i margini di ricavo. Inoltre prima di proporre un Upsell è bene ascoltare attentamente il cliente: non guardare lucrare ma capisci bene la sua situazione, i suoi bisogni e le potenziali soluzioni che potresti fornire. Attuare l'up in maniera superficiale è rischioso perché la vendita potrebbe ritorcerti contro.

Entrambe le tecniche, sia l'Upsell che il Cross-sell, se ben eseguite portano a un aumento dei ricavi grazie al numero delle vendite per un unico cliente. Però il veneficio non è mai a senso unico: ecco perché è necessario che l'esperienza del cliente all'interno del tuo negozio sia vantaggiosa.

Usando l'Upsell e il Cross-sell in maniera efficace, si fa in modo che il cliente scelga il prodotto adatto e che abbia tutto quello che li occorre per usarlo al meglio e sfruttarne a pieno le sue potenzialità: è questo che porta le tue vendite in aumento.

Ti faccio un esempio rapido per concludere questo aspetto: pensiamo alle batterie, le classiche stilo e mini stilo, sono proprio loro l'esempio perfetto di Cross-sell per i prodotti che vengono venduti sprovvisti delle batterie incorporate. Non solo questo aumenta il valore totale della spesa da parte del cliente, ma impedisce che lo stesso cliente debba comprare qualcosa che non potrà usare immediatamente.

Un esempio pratico che sicuramente avremo almeno una volta, personalmente più di una, provato sulla nostra pelle: i regali di natale per i bambini. Abbiamo comprato un gioco per nostro filo o nostro nipote, pensiamo alla classica macchinina radiocomandata o un giocattolo sonoro, il classico che ha bisogno di quattro o più batterie. Al momento dell'apertura il bambino è felicissimo, scarta subito il regalo, rompe con frenesia l'involucro è pronto a provare il gioco e... Stop. Non può fare assolutamente niente perché le pile non ci sono, è il 25 dicembre, i negozi apriranno tra due giorni e la magia del natale va a farsi benedire oppure siamo costretti a cercare in casa qualsiasi apparecchio disponga delle pile giuste per evitare un pianto inconsolabile del piccolo (e a farne le spese è sempre il telecomando della televisione).

Fornire un'esperienza eccezionale

Assicurare un customer experience positiva cosa comporta? Coinvolgimento, condivisione, immedesimazione. In due parole: clienti fedeli. La customer experience è un elemento chiave per mantenere i clienti nel tempo, fidelizzarli e farli tornare a spendere nel nostro negozio. Prima però di pensare come acquisire una nuova clientela è necessario impegnarci per mantenere quelli che già abbiamo, i nostri primi e fedeli sostenitori. L'esperienza che dobbiamo creare attorno al prodotto, ci permette di contrastare i colossi del commercio online, le grandi catene e porci in netta differenza rispetto ai nostri competitor.

L'esperienza del cliente va fornita prima, durante e dopo la vendita. Tra i punti chiave troviamo la comunicazione, sia informativa che d'intrattenimento, la riconoscenza, riservata ai clienti migliori o quelli più assidui attraverso sconti/gadget/omaggi, la delivery, tutto quello che riguarda la vendita, dalla presentazione del prodotto, l'allestimento del negozio e per finire al packaging e infine la community, ovvero una grande o piccola comunità all'interno del negozio che faccia sentire il cliente parte di una grande famiglia e alimenti il senso d'appartenenza.

Il valore di un'azienda, prima ancora dei dipendenti, dell'allestimento e dei prodotti, sono i suoi clienti. Un concetto troppo importante ma ancor troppo sottovalutato, preferendo concentrarsi su altri aspetti: è vero, è importante curare i prodotti e i suoi contenitori (quindi i negozi) in maniera perfetta e precisa, facendo arrivare il margine d'errore al minimo. Ma se realizzo il negozio perfetto con i prodotti perfetti, da chi verranno acquistati e vissuti? Dai clienti, è ovvio. Quindi potremmo avere il negozio più bello, i prodotti migliori e i dipendenti più fedeli ma, se tutto questo non trova corrispondenza nelle esigenze del cliente, sarà tutto un lavoro inutile.

È proprio questo il punto da cui partire per analizzare l'importanza che hanno i clienti in un'azienda o in un negozio: riuscire a dare emozioni, sensazioni ed esperienze uniche e positive sono la chiave del successo.

La customer experience di ogni cliente è determinata da diversi fattori, tanto che ogni singola interazione è unica rispetto a un'altra. I concetti chiave che determinano la customer experience sono quindi tutti soggettivi e variabili: questo può essere una difficoltà ma al tempo stesso un ulteriore stimolo per l'azienda e per il negozio che si trova a dover fare i conti con una sfida sempre nuova e che stimola la creatività e la voglia di vittoria. Compito di titolare e dipendenti è quello di analizzare ogni punto di contatto e riuscire a presidiarli al meglio, assicurando una presenza omogenea in qualsiasi caso.

Il primo incontro tra azienda e cliente è fondamentale: come si suole dire "la prima impressione è quella che conta". Nel marketing questo momento viene definito "moment of truth", il momento della verità. È la prima impressione che un utente avrà del negozio a far scaturire la sua esperienza e il grado di soddisfazione rispetto alle sue aspettative e anche una relazione futura. È questo il momento in cui il futuro cliente si fa una prima idea della tua attività.

Ogni attività deve analizzare in maniera accurata la sua presenza sul mercato: sempre meglio presidiare pochi canali ma che abbiano uno standard qualitativo alto e un'immagine e un servizio coordinati, piuttosto che usare tanti canali ma tutti in maniera errata. Saper comunicare in maniera corretta l'identità aziendale ai propri utenti è importante, e va fatto fin dal primo momento: è questo quello che li convincerà a scegliere te fra tanti altri e continuare a seguirti.

Una volta ottenuta l'attenzione dell'utente inizia il bello: bisogna far diventare l'attenzione curiosità, interesse e fidelizzazione; bisogna capire e analizzare il comportamento dell'utente, le sue sensazioni e il suo grado di soddisfazione; dobbiamo capire quali sono i suoi bisogni e le sue necessità per rispondere in maniera adatta attraverso una strategia sviluppata ad hoc, che soddisfi ogni aspettativa del cliente e sia in grado di creare engagement nel tempo. Solo riuscendo a rendere la sua esperienza unica e sensazionale, facendo quindi leva sul rapporto personale con il cliente, riusciremo a fidelizzarlo.

Ma come si crea un engagement emozionale e funzionale per il cliente?

Il cliente va nutrito e coccolato e quando riesci a dar risposta ai suoi bisogni e alle sue esigenze sarai ricambiato con la fedeltà del cliente che si manterrà nel tempo.

Possiamo valutare l'engagement sotto due punti di vista differenti:

- Emozionale: ovvero l'esperienza emotiva, le sensazioni che il cliente prova quando interagisce con noi all'interno del nostro negozio. Dobbiamo domandarci se è soddisfatto, contento, scontento, se tornerà con piacere da noi o se non lo rivedremo mai più.
- Funzionale: ovvero l'interazione pratica vera e propria. Dobbiamo chiederci se i mezzi e gli strumenti che mettiamo a disposizione sono utili e adeguati per i

clienti, se le informazioni di cui necessita sono tutte facilmente reperibili e se ha un riscontro immediato alle sue richieste.

Il coinvolgimento durante l'esperienza del cliente è determinato anche da tutti gli strumenti che egli ha a disposizione: ecco perché è importante analizzare anche questo aspetto. Gli strumenti dipendono dal momento, dalla personalità del singolo cliente e dalle necessità che ha nel preciso momento nel quale è entrato nel nostro negozio. Per il pubblico è necessario mettere a disposizione tutti gli strumenti che, per ogni singola circostanza e momento, riescano a dare una gratificazione immediata. Parliamo quindi di un personale preparato ed educato, dei luoghi puliti e funzionali come ad esempio camerini in negozi d'abbigliamento (e non il ripostiglio delle scope), un servizio di assistenza sempre disponibile, attraverso numeri di telefono o indirizzo email o dei dépliant informativi disposti in un sito espositivo. Se abbiamo un sito web inseriamo anche una sezione FAQ con le domande più frequenti sul prodotto e una chat online. E ancora tanti e tanti altri strumenti: è importante ricordare che così come numerose saranno i momenti di contatto con il clienti, così tanti dovranno esser gli strumenti da mettere a sua disposizione. L'unica prerogativa è che gli strumenti siano tutti allineati per dare un'identità uniforme e un'immagine coesa dell'azienda o del negozio ai proprio futuri clienti.

Visto che al giorno d'oggi proprio non possiamo vivere senza la tecnologia, ogni realtà, dalla più piccola alla più grande, deve modificare la customer experience e adattarla al digitale. Tutti hanno uno smartphone, un tablet o un computer: perché non sfruttare la tecnologia a nostro vantaggio? Per essere innovativi e competitivi dobbiamo riuscire a esser presenti anche online, attraverso un sito web, un'app o una strategia adatta ai social media.

Anche per il digitale le strade percorribili sono diverse, tanto che nel marketing parliamo di "digital customer experience". Riuscire a esser presenti anche sui social e online significa dare un'immagine flessibile e innovativa, vuol dire stare al passo con i tempi e significa assicurare una presenza non solo in negozio ma anche virtualmente. Questo è un modo per offrire, a un pubblico maggiore, un'esperienza ancor più completa, innovativa e soddisfacente.

Quindi la giusta strategia si basa nell'offrire un'esperienza integrata su tutti i canali, offline e online, in negozio e sul web. Infatti visto che ogni cliente è diverso dall'altro, anche noi dobbiamo creare più alternative possibili per soddisfare ognuno di loro.

Quindi abbiamo visto come la vendita al esperienziale mira a fornire ai clienti un'esperienza immediata. Uno dei motivi per cui la vendita si è sviluppata è quella di adattarsi alle mutevoli esigenze dei clienti a seguito del boom della vendita online. Gli obiettivi non sono necessariamente vendere prodotti o trarre profitto da un servizio, ma piuttosto promuovere la percezione del marchio da parte del pubblico. Quando un concept store o un pop-up è "Instagram-cool", il marketing digitale farà da solo. La creazione di esperienze uniche rafforzerà le relazioni azienda-consumatore e consoliderà la fedeltà dei clienti al marchio in futuro. Quando applicabile al marchio specifico, la tecnologia digitale può essere molto efficace nel fornire intrattenimento ai clienti purché sia implementata correttamente. I metodi di vendita possono facilitare la via di mezzo ideale tra la vendita in linea e quella tradizionale.

L'organizzazione ottimale

Abbiamo visto in precedenza quanto sia importante riuscire a creare una specializzazione e qualsiasi cosa possa farti riconoscere e distinguere dalla massa di saracinesche presenti in una città. Quello di cui ti voglio parlare ora è di come riuscire a far diventare il tuo negozio un punto organizzativo di primo livello, una struttura in grado di racchiudere al suo interno tutto quello che ogni cliente possa desiderare.

1. Offri ai tuoi clienti una straordinaria esperienza di acquisto

Come dicevamo in precedenza, se in passato bastava aprire un negozio ed esporre in vetrina i prodotti per vedere subito i clienti arrivare e il fatturato aumentare, ora non è più così. Sono troppi i fattori che hanno contribuito alla difficoltà dei negozi di rimanere un punto fermo nel loro settore, uno fra tutti quelli di non riuscire a offrire ai propri clienti un'esperienza d'acquisto degna di nota.

L'impatto emozionale è l'aspetto più importante nel commercio: devi puntare sull'eccezionalità dell'esperienza di acquisto. Il tuo prodotto deve essere necessariamente supportato da strategie pre e post vendita, che possano rendere l'esperienza di acquisto davvero unica.

2. Cerca la tua specializzazione

Per vincere la concorrenza devi differenziarti. Ne abbiamo già discusso ampiamente quindi in sintesi ti ricordo che non devi vendere qualsiasi cosa ma devi specializzarti in una categoria di prodotto o di servizi in base al segmento pagante della tua clientela: offri quei servizi con un packaging curato, un metodo di lavorazione innovativo, una personalizzazione fatta al momento e la provenienza ricercata del prodotto. Devono ricordarsi di te per la tua diversità e particolarità e perché sei riuscito a distinguerti dal gregge.

3. Non sottovalutare il valore della comunicazione e la cura dell'immagine

Spesso un prodotto viene acquistato per il suo valore percepito: punta su questo usando una comunicazione del punto vendita e del prodotto, curando l'immagine del tuo negozio sul web e sui social e sfrutta una campagna pubblicitaria adatta per la tua attività. Cura le luci e l'illuminazione, il design e l'arredo del tuo ambiente, disponi i prodotti con criterio e rendi il tuo locale un vero e proprio gioiello del commercio.

4. Individua e segui un metodo di lavoro

Per riuscire a portare i clienti in negozio e fidelizzarli, scegli un metodo di lavoro e, se vincente, portarlo sempre avanti. Individua questa strategia e mettila in pratica ogni giorno, misura i risultati ottenuti e cerca anche di migliorare i punti oscuri.

5. Crea uno spazio relax

Quello che ti può anche differenziare è il modo di coccolare i tuoi ospiti: offri loro un caffè, metti a suo agio il cliente, rendi l'ambiente favorevole per gli acquisti. Una poltrona o un angolo relax aiuta a incrementale le vendite (ci sono studi a riguardo) e aumenta la possibilità che lo stesso torni in negozio perché l'ha sentito come un ambiente positivo e cordiale.

6. Prova a creare un vetrina "da urlo"

Il cosiddetto "Visual merchandising", ovvero l'abilità di creare delle vetrine da foto, quelle che ti fanno fermare davanti a un negozio e ti fanno brillare gli occhi. Riuscire a gestire un negozio al meglio non significa disporre la merce e i prodotti come capita, ma significa seguire una logica e un progetto ben stabilito. Punta su pochi prodotti messi in vista a cui fa da contorno una bella scenografia. Punta su materiali originali e sfrutta la tua creatività o, se non hai idee in merito, chiedi a un professionista del settore o chiedi l'aiuto di un dipendente molto estroso. La vetrina non va allestita solo a Natale o San Valentino: ma ogni giorno, per tutto l'anno.

7. Attira i clienti con una pubblicità mirata

La pubblicità è indispensabile: oggi più che mai è necessaria. Sfrutta questo canale per arrivare ai clienti che non riesci a raggiungere: questo renderà molto più redditizio il tuo investimento e porterà entrare sicure nel tuo negozio.

8. Utilizza Facebook per le promozioni locali

Per la pubblicità non esimerti dall'uso di Facebook e delle sue sponsorizzate, la Facebook Ads: attualmente sono uno degli strumenti più efficaci e meno costosi presenti sul mercato pubblicitario. Usa la tua pagina aziendale, se non la hai creala subito, scegli l'immagine, selezione il pubblico, indirizza il luogo: con una piccola cifra iniziale, parliamo davvero di pochi euro, potrai essere subito pubblicizzato.

9. Cura la relazione con il cliente attraverso il contatto e-mail

Sempre nel canale tecnologico sfrutta i contatti email dei tuoi clienti: puoi raggiungerli in qualsiasi momento, offrire loro promozioni, codici sconto, puoi invitarli alla presentazione della nuova collezione o semplicemente avvisarli dell'inizio dei saldi. Ricorda però che non puoi solo chiedere la mail e ciao: offri loro una Fidelity Card o uno sconto speciale per nuovi clienti.

10. Sfrutta il web per farti trovare

Internet è prezioso: non puoi non usarlo. Sfrutta il potere della pubblicità di Google Ad e fai in modo che altri clienti ti trovino a portata di clic grazie alla geo localizzazione. Ricordati sempre di aggiornare i dati del tuo negozio, come numero di telefono od orari d'apertura e giorni di chiusura.

Il glossario del negoziante

Per non perderti in questo labirinto di conoscenze che continua ogni giorno ad aggiornarsi, ho creato un glossario di termini e concetti chiave che troverai, sentirai e alla fine anche tu pronuncerai parlando del tuo negozio. Sono parole usate per identificare fenomeni o comportamenti che sono tipici della vendita al dettaglio, del Retail appunto.

121 (ONE TO ONE, 1TO1, ONE 2 ONE) il principio di marketing secondo il quale ogni cliente va considerato in modo unico e speciale, e si concretizza nella personalizzazione sul singolo cliente dell'offerta che proponi in negozio.

Accettazione: indica con quale misura ogni cliente percepisce e accoglie la tua compagna pubblicitaria.

Account director: un professionista che si occupa del servizio clienti all'interno di un negozio o un'azienda.

Acquisto d'impulso: quando il consumatore effettua un acquisto non programmato a seguito di uno stimolo da parte del negoziante o del dipendente o dell'esperienza all'interno del negozio.

Advertisement: gli annunci pubblicitari sui social, le famose "sponsorizzate".

Advertising manager: la figura professionale che gestisce la pubblicità e tiene i rapporti con l'agenzia pubblicitaria.

Affissione: il mezzo pubblicitario esterno, come cartelloni, poster o manifesti.

After sales service: è il servizio di assistenza post vendita.

A.I.D.A.: un acronimo che sta per Attenzione, Interesse, Desiderio e Azione e si riferisce alle qualità che una campagna pubblicitaria dovrebbe avere per ritenersi vincente.

Analisi: l'azione per mettere in atto una strategia di marketing.

Analisi del consumatore: si basa sullo studio delle caratteristiche del consumatore, attraverso parametri sociodemografici, come il sesso, la professione e il reddito, e psicologici, come lo stile di vita.

Annual report: è il bilancio annuale di un'azienda o di un negozio.

Audience: sono l'insieme delle persone che sono state raggiunge dal tuo messaggio pubblicitario attraverso un social media.

Banner: è la tipica striscia pubblicitaria posta su un sito Web. Può esser utile sia per inserire il tuo negozio o la tua azienda in altri siti, quindi fare una pubblicità incrociata, oppure da usare sulla tua pagina personale.

Benefit: sono tutti i vantaggi e i benefici, economici o materiali, che possono essere offerti al consumatore o ai propri dipendenti.

Brain storming: è il metodo decisionale, usato durante le riunioni, che serve a stimolare le proposte e trovare le migliori soluzioni per la risoluzione di problematiche e ostacoli.

Brand e/o marca: nomi o segni distintivi attraverso i quali un'azienda o un negozio contraddistingue i propri prodotti rispetto a quelli concorrenziali.

Brand awareness: la risposta al marchio è la capacità che un consumatore possiede per riconoscere un marchio e associarlo, in modo corretto, all'azienda o al negozio.

Brand strategy: la strategia del marchio raggruppa tutti gli aspetti del prodotto, dalla distribuzione al packaging.

Budget: è la somma di denaro destinata al raggiungimento di un obiettivo come la campagna pubblicitaria o l'organizzazione di un evento.

B2B: il business to business raggruppa tutte le attività rivolte a un'altra impresa e non al consumatore finale.

B2C: il business to consumer identifica tutte le attività che hanno l'obiettivo di raggiungere il consumatore. Chi decide di optare per questa tipologia potrebbe aver necessità di stabilire un contatto diretto con i propri clienti finali.

La campagna di vendita: è l'azione di vendita eseguita secondo un particolare programma per un particolare prodotto, magari appena immesso sul mercato.

Checkup: raggruppa tutte le verifiche che si svolgono sul marketing dell'azienda o del negozio, come: i conti, la struttura dei reparti, i rischi, le previsioni di fatturato e costi.

Competenze distintive: raggruppa tutte le capacità specifiche per differenziare la propria offerta rispetto a quella dei concorrenti.

Competitor: le aziende che si fanno concorrenza nello stesso mercato.

Comunicazione aziendale: sono tutti gli strumenti con i quali l'azienda si presenta sul mercato come la pubblicità, il packaging e le pubbliche relazioni.

Consumer list: è la lista dei clienti che hanno abitudini d'acquisto simili, utile per stilare proiezioni di vendita o ipotizzare offerte e promozioni.

Controllo di marketing: il processo che verifica che tutte le risorse utilizzate abbiano raggiunto gli obiettivi preposti.

Copywriter: la figura professionale che si occupa di creare i testi pubblicitari.

Core customers: sono i clienti più importanti di un'azienda o un negozio.

Corporate identity: è la riconoscibilità dell'azienda o del negozio.

Costi di marketing: tutte le spese che sono state sostenute per la propria strategia di marketing.

Coupon: è un tagliando o una cedola di una promozione in corso nell'attività che il consumatore può presentare per ricevere l'offerta promessa. Con lo stesso termine è possibile indicare anche un buono sconto, una riduzione di prezzo o il diritto ad un omaggio.

CRM: la customer relationship managemet si occupa di gestire le relazioni con il cliente e fa in modo che la clientela si conservi e si mantenga attiva con il tempo.

Customer care: è la cura del cliente.

Customer satisfaction: è la soddisfazione del cliente.

Dati interni: è la raccolta di tutte le informazioni disponibili all'interno del negozio.

Differenziazione: sono tutte le differenze che rendono distinguibile, per l'acquirente, l'offerta di un negozio rispetto a quella di un altro.

Direct line: è il numero telefonico dedicato alle informazioni circa un servizio o un prodotto del negozio.

Direct mail: è l'invio di materiale informativo, promozionale e pubblicitario.

Direct marketing: è una tecnica che l'impresa usa per comunicare con singoli clienti o potenziali clienti finali.

Display: è il contenitore usato per esporre la merce nelle vetrine o all'interno del negozio e spesso presenta un testo pubblicitario.

Distribuzione: è l'elemento del marketing che si occupa di tutte le attività che vengono svolte per rendere il prodotto a disposizione del consumatore.

Domanda: è la quantità che i consumatori voglio acquistare e che sono in grado di acquistare ad un determinato prezzo in un dato periodo.

Ecommerce: è il negozio online.

Elasticità: è l'indicatore che permette di conoscere l'entità della variazione della domanda rispetto ad un cambiamento di prezzo. Se la domanda è immutata si parla di non elastica; se cambia si parla di domanda elastica.

Feedback: è la verifica e il controllo dei risultati.

Fidelizzazione: l'insieme di tecniche e attività che puntano a stabilire un rapporto duraturo nel tempo con il consumatore.

Franchising: è la formula distributiva nella quale il titolare di un marchio cede il proprio marchio e il prodotto ad un intermediario commerciale.

Front end: l'insieme di azioni messe in atto per suscitare l'interesse di un target.

Gadget: tutti gli oggetti che rientrano negli omaggi che un negozio o un'azienda può donare ai propri consumatori.

Immagine: è la sintesi delle opinioni che il pubblico ha di un'azienda o di un negozio e dei suoi prodotti. I fattori che concorrono a stabilire l'immagine sono: la qualità dei prodotti e dei servizi, la pubblicità, la tipologia distributiva, l'informazione dei mass-media e la pubblicità.

Impression: è il numero di volte che una pagina viene scaricata sul pc o smartphone di un utente.

Indicatori: tutto quello che serve per rappresentare il lavoro di un'azienda e i suoi progressi. I principali sono: gli indicatori di prodotto (misurano quali prodotti sono venduti), gli indicatori di efficienza (misurano i costi dei servizi), gli indicatori di prestazione (misurano gli effetti delle attività), gli indicatori di soddisfazione (misurano se i servizi soddisfano i bisogni e le aspettative).

Leve di marketing: sono le quattro variabili sulle quali si decide per impostare la strategia relativa al prodotto e sono il prodotto, il prezzo, la comunicazione e la distribuzione.

Loyalty: termine generico che indica la fedeltà dei propri clienti. Da questa derivano la "brand Loyalty", cioè la fedeltà alla marca e la "store Loyalty", quindi la fedeltà ai punti vendita.

Mailing: è l'invio al cliente di materiale promozionale o proposte di vendita.

Mailing list: elenco di nominativi a cui recapitare il materiale che promozionale o le proposte di vendita.

Marchio: è la parte della marca riconoscibile ma che non è possibile pronunciare, come un simbolo, un colore o un disegno.

Markdown: è il ribasso del prezzo.

Marketing: sono le attività volte ad ottimizzare tutto quello che permette il miglioramento della commercializzazione di prodotti e servizi attraverso la creazione, l'individuazione e lo stimolo dei bisogni dei consumatori. Riguarda anche tutte le decisioni relative al prodotto come le sue caratteristiche, il prezzo, la pubblicità, la distribuzione e la rete di vendita.

Marketing mix: è la combinatore dei fattori di marketing che riguarda le decisioni relative al prodotto, al prezzo, alla pubblicità, alla promozione, ai canali di distribuzione e alla rete di vendita.

Mark-up: è il margine che viene sommato ai costi di produzione per determinare un prezzo di vendita.

Media: sono i mezzi di comunicazione pubblicitaria quali televisione, radio, stampa, cinema, affissioni.

Mercato: è l'insieme di consumatori interessati al prodotto o al servizio e che hanno la capacità di acquisto dello stesso.

Mercato captive: è il terreno di caccia esclusivo di un'azienda o un negozio.

Mercato depresso: mercato in cui vi sono più beni che consumatori.

Merchandiser: chi si occupa di organizzare l'esposizione e la promozione dei prodotti.

Merchandising: tutte le attività che hanno il compito di promuovere le vendite una volta che il prodotto abbia raggiunto il punto di vendita. Tra queste rientrano la confezione, l'esposizione, gli sconti, le offerte speciali, la distribuzione di materiale promozionale.

Missione: è l'insieme degli obiettivi che costituiscono i valori di un'azienda o di un negozio.

Netiquette: è l'insieme dei principi, le regole e le linee guida del buon comportamento da seguire nell'uso di internet.

Newsletter: la pubblicazione di tutte le notizie circa il negozio o l'azienda.

Nicchia di mercato: un ristretto gruppo di acquirenti con caratteristiche comuni verso le quali concentrare i propri sforzi.

Offerta: i prodotti o i servizi messi in vendita.

Operazione a premi: è l'azione promozionale che prevede la consegna di premi a chiunque partecipi a una determinata azione.

Packaging: tutto l'insieme di materiali usati per confezionare il prodotto e la merce, come scatole, buste, nastri, etichette, imballaggio, per renderlo più appetibile e riconoscibile.

Pianificazione di marketing: il processo che mira a raggiungere determinati obiettivi di mercato. È la pianificazione che un'azienda o un negozio stila riferendosi al rapporto tra questa e il mercato in cui opera.

Piano di marketing: è il processo di attuazione dell'attività di marketing. Al suo interno comprende il fatturato, le quote, la notorietà dell'azienda e tutte le strategie che sono necessarie al raggiungimento degli obiettivi prefissati.

Posizionamento: la modalità con la quale l'azienda o il negozio desidera che il cliente percepisca il proprio prodotto rispetto ai concorrenti.

Promozioni vendite: tutto l'insieme delle attività che conferiscono un valore addizionale e provvisorio al prodotto per facilitarne la sua vendita e per stimolarne l'acquisto.

Prospect target: è un'espressione usata per indicare un consumatore che non è ancora cliente ma che potrebbe essere interessato al prodotto.

Pubbliche relazioni: tutte le attività di comunicazione che permettono di ottenere attenzione attraverso i moderni mezzi di comunicazione.

Pull: è la strategia che l'azienda o il negozio mette in pratica per attirare più consumatori.

Push: è la strategia che l'azienda o il negozio mette in pratica per spingere il proprio prodotto attraverso i canali distributivi.

Redemption: è il risultato di un'operazione promozionale, quindi il rapporto tra il numero di risposte ottenute e il numero totale di contatti presi per l'iniziativa.

Rete di vendita: è la struttura organizzativa formata dal personale addetto al contatto diretto con la clientela.

Ricerca descrittiva: è la metodologia di ricerca che permette di ottenere informazioni di tipo quantitativo attraverso interviste, telefonate e questionari.

Ricerca esplorativa: è la metodologia di ricerca che permette di ottenere informazioni di tipo qualitativo.

Ricerche di marketing: è la metodologia che raccoglie, registra e analizza i dati che riguardano i beni e i servizi. È il metodo che serve all'azienda o al negozio per aumentare la conoscenza di se.

Ricerche quantitative: è la metodologia di ricerca che permette di ottenere informazioni di tipo quantitativo, atte a stimolare il mercato.

Segmentazione del mercato: è il processo di selezione che fraziona una fetta di consumatori in gruppi di persone con simili bisogni o necessità.

Sell-in: la logica che studia i metodi, le tecniche e gli strumenti di vendita per favorire l'ingresso di un prodotto in un negozio.

Sell-out: tutte le attività che indirizzate alla vendita dei prodotti dai dettaglianti ai clienti finali.

Sponsorizzazioni: lo strumento di comunicazione con il quale uno sponsor fornisce un supporto per associare positivamente la sua immagine, la sua identità, i suoi prodotti e i suoi servizi.

Target: l'obiettivo che si vuole raggiungere con una particolare azione.

Target group: il gruppo di persone alle quali è rivolta l'azione di marketing.

Target market: è il segmento di mercato o l'insieme dei consumatori ai quali l'azienda o il negozio si rivolge.

Target marketing: sono tutte le azioni di selezione e segmentazione del mercato.

Trade: è l'intermediario commerciale.

Ufficio stampa: l'ufficio che si occupa di preparare tutto il materiale informativo e pubblicitario. Inoltre si occupa di acquisire nuovi clienti e organizzare eventi.

Viral marketing: è la tecnica di marketing che spinge chi la riceve a diffonderla a sua volta.

Conclusione

Ed eccoci giunti alla fine del nostro percorso, spero che i concetti espressi siano stati chiari, che tu abbia potuto riconoscerti tra queste pagine e che ti abbia dato la spinta motivazionale giusta per il cambiamento: perché ora sta a te decidere. Ti ho fornito gli strumenti per cambiare ma la scelta è solo la tua.

Voglio lasciarti con un ultimo pensiero, quello che purtroppo sentiamo spesso oggigiorno: il commercio è in estinzione.

Tu mi dirai, e hai deciso di concludere il tuo libro proprio in questo modo? Ti rispondo di sì, perché questa è la più falsa delle affermazioni.

Quando parliamo di negozi e aziende, soprattutto piccole e medie imprese, siamo sempre più assaliti da paura e impotenza a causa del sistema troppo difficile da decifrare che crea anche difficoltà e timori nei titolari dei negozi che non si sentono in grado di comprenderne le dinamiche.

Fino a molti anni fa c'era un sano rapporto di fiducia tra il rivenditore e il cliente: un lavoro fatto di gratificazioni professionali e personali, si raggiungevano obiettivi di vendita e c'era molta sicurezza dentro al negozio e questo si trasmetteva in un benessere generale, economico, mentale e sociale.

Oggi purtroppo questa situazione sembra essersi fermata: i clienti fidelizzati sono pochi e notevolmente ridotti, i negozi sono spesso solo un costo da mantenere invece di una fonte di sostentamento e guadagno e sono sempre maggiori i titolari che sono costretti a comprimere i costi di gestione e ridurre la merce da rivendere per paura di trovarci decide di prodotti invenduti e avere ancora più costi da smaltire a fine anno.

Una situazione del genere porta i titolari nello sconforto più profondo: spesso si punta il dito verso se stessi domandandosi se la causa di tale disagio è dovuta ad acquisti sbagliati e merce troppo difficile da piazzare sul mercato. Altre volte guardiamo le altre attività e ci rendiamo conto che, chi più e chi meno, sono tutte nella nostra stessa situazione: alcune però non lo fanno vedere così facilmente.

La verità è capire che il mercato è cambiato: il consumo si è ridotto ma non si è fermato mai. Il cliente acquista, magari non come prima, ma compra e spende. Quello che è cambiato è la tendenza al consumo: basta guardare le nuove generazioni e il loro rapporto ossessivo con il web per capire che tra una visita su Instagram e un post su Facebook la restate parte del tempo sul web viene passata sugli e-commerce.

Il web ormai è una componente che non possiamo combattere, ma solo farci amica e questo non vuol dire chiudere la propria attività e trasferirsi sul web: significa assecondare il flusso e aprire anche uno spazio online.

Uno degli altri problemi che si è venuto a creare e che ha contribuito al declino dei piccoli negozio è da vedere nei centri commerciali e negli Outlet village. Nei primi le gallerie dei centri più grandi sono ricolme di brand e articoli di vario prezzo e tipologia: in un unico posto è possibile acquistare abbigliamento, intimo, biancheria per la casa, libri, elettronica, e fare anche la spesa. Per molti è un luogo di ritrovo, dove passare qualche ora in un pomeriggio di pioggia, per altri è un vero è una vera e propria mission: un giorno alla settimana da passare da mattina fino a sera per fare shopping in tranquillità, godendosi l'area ristoro e lasciando i più piccoli nei centri ludici dedicati.

I villaggi degli sconti invece, sono vere e proprie città all'aperto in cui trovare qualsiasi marca a prezzi scontati o addirittura inferiori a quelli che potremmo trovare nei saldi invernali o estivi: un'occasione troppo ghiotta per non coglierla. Pensiamo che intere famiglie usano la scusa del fine settimana per affrontare un viaggio di quasi 100 km solo per acquistare articoli di marca al 70%.

In questo quadro il piccolo commerciante è messo con le spalle al muro: gli sforzi e i sacrifici non bastano, la tendenza di aprire la serranda e aspettare il cliente del giorno non è una condizione che può continuare. È necessario quindi usare modelli strategici per canalizzare l'attenzione del consumatore all'acquisto presso il proprio punto vendita.

L'obiettivo è quello di rieducare quelli che erano clienti consueti e abituali e farli tornare presso la propria attività: il negozio deve diventare il riferimento per i propri acquisti, un'isola in grado di offrire una gamma di prodotti differenziati in linea con il gusto e le richieste della propria clientela. Che non ha proprio nulla da invidiare ai grandi centri commerciali ma che possa offrire esperienze uniche al cliente, prezzi competitivi e prodotti originali.

Valutiamo l'ultima e pesante crisi che abbiamo affrontato: la pandemia per il Covid. Se per molti ha significato la chiusura di attività per altri, te compreso, può essere il punto di svolta per il commercio. Ci troviamo a dover rispondere a nuove aspettative e nuove proposte per l'acquisto, la domanda è se siamo pronti a farlo. Vogliamo davvero estinguerci e cedere il passo solo ai colossi del Retail o vogliamo batterci con le unghie e con i denti per rimanere a galla?

In questo scenario di turbamento e pessimismo, dove per i negozi sembra che non ci sia un domani, dobbiamo essere il punto di svolta.

Perché il futuro non è negativo ma pieno di opportunità che giocano a nostro favore e che sono pronte per esser raccolte.

Anche se la quarantena ha costretto i consumatori a riversare i loro acquisti nello shopping online, sai qual è stata una delle prime cose ad aver fatto una volta riaperte le attività? Hanno acquistato nei negozi. Sono tornati in centro, tra le vie principali dello shopping per guardare le vetrine, entrare nei negozi, comprare con i saldi, acquistare capi e scarpe, fare la spesa nel loro supermercato di fiducia, salutare il vecchio amico commerciante.

Quei mesi non sono bastati per cambiare le abitudini che legano i clienti agli acquisti in negozio: dobbiamo ovviamente tener conto della ridotta capacità d'acquisto ma sono tutti problemi facilmente risolvibili.

Quello che ora dobbiamo fare è portare le persone nei negozi: offrir loro esperienze uniche, offerte vantaggiose, sicurezza e ambienti sani per permettere all'economia di girare nuovamente nel verso giusto e far felici clienti e titolari.

Colpiti dalla crisi non sono state solo le attività più piccole o i negozi di quartiere: qualsiasi attività che offra punti vendita noiosi, indifferenziati, con un marketing basico, promozioni ripetitive dove l'unica leva usata è quella del prezzo e con una location dal format standard e anonimo ha bisogno di essere rivoluzionata.

Oltre tutti gli strumenti che ti ho illustrato in questo libro dobbiamo far forza anche dell'unione tra tecnologia, branding e design: è questo quello che ci si aspetta dai negozi del futuro, quello che fa la differenza e scongiura il rischio d'estinzione.

I punti vendita che abbracciano questa logica di rilancio del negozio potranno ottenere tre tipi di vantaggi:

- Il miglioramento dell'esperienza del cliente sia online che in negozio;
- L'ottimizzazione della catena di approvvigionamento;
- Lo sviluppo di nuove opportunità di profitto.

Il futuro del commercio dipende dalla capacità di mettere a punto modelli commerciali innovativi e di trarre il massimo da nuove opportunità.

Le regole chiave da tener a mente sono:

- La vendita non è morta, ma deve rinnovarsi per sopravvivere.
- Dura vita per i negozi impersonali e "noiosi" che puntano solo sulla leva del prezzo.

- I negozianti in difficoltà hanno diverse opportunità per rilanciare la propria attività, tuttavia devono saper scegliere la giusta strada da percorrere.
- Bisogna imparare a fare i conti con Amazon e gli altri Big Player digitali, differenziandosi, puntando sul servizio e sui prodotti di nicchia.
- Si deve iniziare e fare meglio e in fretta: ora è il momento migliore per cambiare.

A me non resta che salutarti.

A presto e grazie.

MINDSET

Introduzione

Di cosa sto parlando? Del modo in cui decidi di agire e reagire agli avvenimenti della vita e rappresenta un potere enorme, se sai come utilizzarlo. Per poter sviluppare la tua mentalità di successo devi partire dal tuo cambiamento: se vuoi cambiare la tua vita devi prendere coscienza di te stesso e ti devi porre nel migliore dei modi verso ciò che ti circonda. I tuoi modi di fare, quelli che ti hanno portato oggi a riflettere e a volere un cambiamento, non vanno più bene: devi liberarti di questi modi, alzare lo sguardo e scegliere di diventare una donna di successo.

Riuscire a creare il tuo mindset di successo significa capire cosa ti offre oggi il mercato e cogliere l'opportunità: organizzati, accetta e impara, anche dai tuoi errori. La mentalità ti appartiene e puoi lavorare su te stessa per migliorarla. Vediamo quindi su cosa si basa il Mindset di un imprenditore di successo e quali sono i passi da compiere per raggiungere dei risultati.

Che tu sia un imprenditore di un piccolo negozio, di un sito, di un'azienda o di una fabbrica questo libro fa proprio per te.

Buona lettura.

I 7 punti del mindset Imprenditoriale

1. Non avere paura dei fallimenti

Quello che a prima vista può sembrare un insuccesso in realtà potrebbe essere il trampolino di lancio verso il successo. Spesso infatti tutto quello che crediamo siano avversità, problemi e disagi sono il nostro più grande vantaggio. Siamo onesti: è la fame che ci spinge a cercare il cibo, se rimaniamo ferme nella nostra comfort zone non riusciremo mai a prendere in mano la nostra vita. Quindi basta cullarci e usciamo allo scoperto: sono le avversità che ti tengono sempre attivo a pronto a combattere.

2. Le cose che capitano sono solo cose

Le situazioni sono solo situazioni, sei tu a trasformarle in motivi di fallimento o di successo. Agisci sempre con intenzione, prendi in mano la tua vita: se lasci che siano le situazioni a decidere per te non andrai mai lontano. Quindi prendi in mano le redini del tuo destino.

3. Scopri la tua forza

Ognuno di noi ha una forza dentro che serve per superare gli ostacoli della vita e andare dritti per i propri obiettivi. Il tuo compito è quello di scoprire questa forza e sfruttarla per affrontare ogni cosa. Spesso non ci rendiamo conto di questo potere e non sappiamo come poterlo usare a nostro vantaggio. Il più delle volte siamo portati solo a vedere gli aspetti negativi di noi e mai quelli positivi: sono questi ultimi che ci fanno andare avanti. Quindi impara a conoscerti e, con un atteggiamento sempre positivo, saprai come tradurre in azioni i tuoi pensieri.

4. Concentrati sulla tue qualità

Quindi valutare la qualità e non la quantità. È sempre meglio riuscire a fare poco ma bene che troppo in maniera errata. Il mindset ti porta a ottenere il massimo senza dimenticarti della qualità: le tue risorse, il tuo tempo, le tue energie si esauriranno se non le rinnovi. Quindi rifletti su quello che c'è da fare e chiediti cosa ti serve per farlo nel migliore dei modi.

5. Dai valore agli altri

Abbattiamo lo stereotipo che l'imprenditore di successo sia un egocentrico: il vero leader è quello che aiuta gli altri, i suoi dipendenti, i suoi amici. È il primo a spingere per il miglioramento totale del team: in un rapporto del genere ci guadagnano tutti. Il più delle volte la vera forza delle aziende sono i suoi collaboratori: sii leader benevolo e propositivo. Sei stato tu il primo che ha avuto bisogno di aiuto nel cambiamento, quindi perché non insegnare anche agli altri come poter migliorare? Se il tuo team sta bene e lavora bene, lavorerai bene anche tu.

6. Continua a imparare

"Il sapere è potere", non esiste frase più vera di questa. Ogni imprenditore di successo non smette mai di studiare e imparare. L'informazione è la conoscenza che si trasforma in capacità, in energia che diventa azione, a beneficio dell'azienda e del tuo lavoro. Non smettere mai d'informarti e formarti e cerca di trasmettere questa risorsa anche alla tua squadra.

7. Pensa e agisci in grande

Il successo non capita ma è un percorso lungo e complesso e si arriva solo puntando dritto verso i propri obiettivi. Quindi punta sempre in alto, pensa in grade e agisci di conseguenza e non permettere mai ai dubbi e ai pensieri negativi di frenarti. Se ci credi davvero, niente e nessuno potrà impedirti di realizzarlo. Sei tu al comando, solo tu.

Gli ostacoli più grandi

Se ragioniamo basandoci su questi ostacoli da dover eliminare una volta per tutte, possiamo considerare anche altre due problematiche:

- L'assenza di basi imprenditoriali e del sistema integrato
- L'utilizzo di metodi assolutamente sbagliati.

Quando ti parlo di assenza di basi imprenditoriali dico che nel tuo negozio non stai usando il giusto mindset, non sei un vero imprenditore e non ragioni come un vero imprenditore.

L'imprenditore

Essere imprenditore si può riferire a quelle idee che una persona trasforma in attività pianificate e svolte in modo corretto. Chi ha uno spirito imprenditoriale, è capace di affrontare positivamente le sfide e i problemi che la vita ogni giorno pone, se parliamo del commercio questo si traduce nell'avvio o nella resistenza di un'azienda che genera dei profitti, economici e non solo.

Vediamo quali sono le caratteristiche tipiche che possiamo trovare in una persona con uno spirito imprenditoriale:

- L'energia

L'imprenditore è un gran lavoratore, ma in modo intelligente. Occorre molta energia mentale e fisica per trovare soluzioni e realizzare i progetti in maniera soddisfacente. Per avere alto il livello di energia, stimola continuamente il cervello e tutti i suoi sensi, così da rimanere vigile e attivo in ogni situazione.

- Desiderio di realizzazione

La voglia di ottenere risultati che genera il continuo impegno nelle attività preposte: atteggiamento positivo e perspicacia permettono di raggiungere i suoi obiettivi.

- Orientamento verso un compito

Affinché le sue idee trovino sviluppi dovranno esser svolte nel tempo giusto e in modo corretto: l'imprenditore sa che il tempo è denaro e che non va sprecato. L'organizzazione è alla base delle sue giornate e della sua agenda.

- Empatia

L'imprenditore è capace d'immedesimarsi nelle persone che vuole aiutare, attraverso la vendita dei suoi servizi e dei suoi prodotti. Sente quello che vuole il cliente, cerca di soddisfarlo e aiutarlo nelle scelte.

- Collaboratori

L'imprenditore sa che da solo non può andare lontano, ma dovrà affiancarsi a persone qualificate a cui insegnare il mestiere. Individua e mobilita le risorse necessarie per portare avanti la sua attività.

- Pianificazione

L'imprenditore ha sempre un piano utile per chiarire la situazione problematica e semplificare il piano d'azione con il quale valutare profitti o eventuali perdite.

- Correre rischi

Chi decide di creare un'azienda o intraprendere un'attività ha ben chiaro quali sono i rischi ai quali andrà incontro. L'imprenditore ha precedentemente svolto un'indagine sui rischi in modo da poterli controllare e gestire qualora si dovessero presentare.

- Innovazione

La capacità di mettere in pratica nuove idee, che permettano d'intraprendere attività uniche, è un altro dei tratti distintivi dell'imprenditore. Per essere innovativi è molto importante informarsi e conoscere: per questo l'imprenditore è sempre attento a tutto quello che potrebbe arricchirlo e non si lascia neanche sfuggire i gossip del settore.

- Competenze

Gli imprenditori hanno conoscenze, modi e competenze pratiche per mandare avanti la loro azienda: tutto quello che sanno e che hanno imparato, viene speso nella gestione, nell'innovazione e nell'amore della propria attività.

- Indipendenza

L'indipendenza presuppone il non dipendere dagli altri. L'imprenditore prendere le sue decisioni e agisce libero da vincoli: esercitano la propria volontà senza esser controllato da terzi.

- Relazioni reciproche

Queste permettono all'imprenditore di ottenere tutte le informazioni di cui ha bisogno e, attraverso questo scambio d'informazioni, concepisce le sue idee e le sue convinzioni.

- Orientamento verso un obiettivo

Gli imprenditori sono sempre orientati verso un risultato e sono esperti nello stabilire i loro obiettivi.

Chi non possiede tutte le caratteristiche tipiche dell'imprenditore, troverà difficoltà a far funzionare la sua impresa in modo soddisfacente. Si potrebbe obiettare che chi possiede conoscenza e abilità, possa riuscire a portare avanti in maniera decorosa un negozio: non proprio. Una persona con conoscenza e abilità non resisterà a lungo: dimostrerebbe poca perseveranza nell'affrontare importanti ostacoli, non si renderà conto delle opportunità e non saprà agire davanti a esse e potrebbe non assumersi il rischio dell'avviare l'impresa. Chi possiede solo conoscenza e caratteristiche personali non saprà come applicarle: non ha le tecniche giuste, è troppo dipendente dagli altri e troppo vulnerabile. L'imprenditore con abilità e caratteristiche imprenditoriale, ma senza conoscenze, potrà avviare l'attività ma la mancanza d'informazione e la familiarità del mercato lo porteranno al fallimento.

Alla luce di queste informazioni, tu hai le caratteristiche del giusto imprenditore? Ti propongo un test: sono una serie di affermazioni che potranno farti ragionare o meno sull'acquisizione delle caratteristiche principali di un imprenditore. Prenditi il tempo giusto e rispondi con sincerità: in caso di mancanza di caratteristiche adatte ricorda che puoi cambiare, dipende solo da te.

- Faccio le cose di mia iniziativa. Nessuno me lo deve chiedere; Se me lo chiedono,

faccio le cose; Mi metto a fare qualcosa solo quando non ho più alternative. Così, semplicemente.
- Mi piace la gente. Posso andare d'accordo con quasi tutti; Ho abbastanza amici, non ho bisogno di nessun altro; Ritengo che la maggior parte delle persone sia una seccatura.
- Tendo a proporre iniziative e a riuscire a farmi seguire da tutti; Se qualcuno chiede che cosa si deve fare, mi metto a dare ordini; Lascio che altri prendano l'iniziativa. Io li seguo dopo, se mi va.
- Mi piace incaricarmi di fare le cose e portarle a compimento; Mi incarico di fare le cose se proprio devo, però preferisco che qualcun altro sia il responsabile; C'è sempre qualcuno a portata di mano che vuole dimostrare quanto è intelligente. La cosa migliore è lasciarlo fare.

- Mi piace avere un piano prima di cominciare a fare qualcosa. Di solito sono io a organizzare tutto quando i miei amici e io vogliamo fare qualcosa insieme; Me la cavo bene, a meno che le cose non si complichino. Se succede, mi arrendo; Ogni volta che ci si prepara, succede qualcosa all'improvviso e si rovina tutto. Perciò mi piace occuparmi delle cose quando succedono.
- Posso continuare a lavorare per tutto il tempo necessario. Non mi dà fastidio fare degli sforzi per qualcosa che voglio; Mi sforzo sul lavoro per un po', ma quando mi stanco, lascio perdere; Non vedo l'utilità di sforzarsi troppo.
- Sono capace di decidere rapidamente se dovesse essere necessario. In genere, indovino anche la decisione giusta; Ho bisogno di molto tempo per pensare. Se devo prendere una decisione rapida, poi

me ne pento; Non mi piace essere quello che decide. Sicuramente mi sbaglierei.
- Le persone possono fidarsi di quello che dico. Non dico cose a cui non credo; Cerco di essere onesto la maggior parte delle volte, però a volte dico semplicemente quello che mi risulta più facile; Perché dire la verità se l'altra persona non se ne rende conto?
- Se mi decido a fare qualcosa, non mi ferma niente; A meno che non mi riesca male, in genere, finisco ciò che ho iniziato; Se qualcosa che comincio a fare mi riesce male sin dall'inizio, mi scoraggio o non insisto. Perché preoccuparsi?
- Sono sano come un pesce. Non mi stanco mai; Ho energia sufficiente per fare la maggior parte delle cose che voglio fare; Resto senza energia molto prima dei miei amici.

Mettere in piedi il team: circondati delle persone giuste

Dietro ogni imprenditore ci sono le persone giuste. Lo staff è fondamentale e le ore libere dell'imprenditore passano necessariamente da qui. Senza uno staff non riuscirai mai a staccarti dal tuo negozio o dalla tua azienda. Infatti ogni vittoria si concretizza grazie all'intelligenza e al gioco di squadra.

È questo che fa la differenza tra le piccole e grandi organizzazioni: l'epoca dei solitari è finita da tempo e anche le più piccole imprese hanno bisogno di essere supportate da un team valido e capace. Se vuoi davvero far diventare il tuo negozio un successo, impara a essere un leader e trasmetti il tuo sapere al tuo team: impegno, sacrificio, obiettivi e vittoria.

Alla base di un gruppo non coeso, e che non porta mai risultati vincenti, esistono cinque dinamiche, che sono:

1. L'assenza di fiducia

I componenti della tua squadra devono poter avere fiducia in te, nel loro leader, e sapere che questa fiducia è ricambiata. Non dico di diventare il loro migliore amico, sei sempre il loro capo non dimenticarlo, ma quando manca la fiducia nel capo subentrano la paura e l'incertezza. Lo spirito d'iniziativa dei dipendenti resta bloccato: nessuno lavora attivamente a un progetto di crescita per paura di fallire e deludere le tue aspettative. Se un dipendente ha questo atteggiamento può solo creare situazioni disastrose.

Per valutare se esiste fiducia nel tuo team valuta questi parametri, controlla se i tuoi dipendenti:

- Se sono aperti al confronto e chiedono aiuto in caso di necessità;
- Se condividono le proprie esperienze a vantaggio anche dei colleghi, in un clima di vera e positiva collaborazione.
- Se riconoscono i propri limiti e chiedono aiuto per accrescere le proprie competenze.
- Se, quando commettono errori, ne fanno tesoro e si mettono in moto per trovare la soluzione idonea anziché preoccuparsi solo di nascondere le responsabilità.
- Se durante le riunioni di lavoro si mostrano Interessati, aperti al dialogo con gli altri componenti del team per lavorare sul miglioramento delle performance.

Se questo non avviene, convoca subito una riunione ed eliminate il problema.

2. La paura del conflitto

I conflitti all'interno di una squadra di lavoro sono normali, inevitabili e anche utili. Quindi capiamo come gestirli nel modo migliore. Il conflitto si crea perché i componenti della tua squadra si confrontano per decidere come risolvere un problema o come organizzare un lavoro: ogni componente ha una propria idea e un proprio modo di lavorare. Più sono coinvolti nel progetto e più saranno calati emotivamente nella situazione del lavoro (aspetto assolutamente più che positivo) e quindi sarà maggiore la voglia di difendere la propria idea e la propria posizione. Ecco che nasce un conflitto.

Il conflitto allora va trasformato in un'occasione di crescita per l'intero gruppo: lascia parlare apertamente ogni componente e fai in modo che ognuno dica la sua: la libertà di condivisione è importante e la censura è un reato. Ogni singolo pensiero, anche il più banale, può essere d'aiuto nella risoluzione di problemi o nell'organizzazione della gestione. L'importante è evitare lo scontro personale: l'oggetto di discussione deve essere il problema da risolvere, non altro. Riuscire a risolvere i conflitti in modo positivo migliora la coesione del gruppo e ne aumenta performance e produttività.

3. La mancanza di Commitment

Possiamo definire Il Commitment la cultura dell'impegno, che si manifestata attraverso la volontà di dare sempre il meglio di sé al fine di raggiungere un obiettivo comune. Spesso la difficoltà è proprio alla base delle squadre: poco coese, scarsamente concentrare sull'obiettivo e questo comporta minor produttività e minor efficienza.

Ogni volta che subentrano lamentele su fatti insignificanti, negatività o personalizzazioni fuori luogo, il danno è doppio: si perde tempo ed energia e la negatività influenza anche i colleghi che avrebbero un sano desiderio di dare il meglio di sé, portandoli verso un'attitudine più passiva.

Il tuo compito è quello di spendere le energie di ogni componente per ottenere crescita e sviluppo e per farlo dai il buon esempio: sii disponibile e incoraggia ogni dipendente a esprimere al meglio il suo potenziale. Parla sempre in modo chiaro e semplice: fai luce sulla strategia e sulle aspettative, assegna compiti e mansioni, enfatizza l'importanza del lavoro di ogni membro così da non creare squilibri o lamentele. Cerca, per quanto ti sarà possibile, di stabilire gli obiettivi coinvolgendo sempre la tua squadra.

Se riesci ad accrescere il Commitment, il tuo gruppo sarà più coeso e concentrato sugli obiettivi e i risultati positivi non tarderanno ad arrivare.

4. Il sottrarsi all'accountability

l'Accountability è la responsabilità o l'affidabilità che una persona dimostra nel prendersi carico del risultato da raggiungere. Sono diversi i dipendenti validi e diligenti, attenti e capaci nel proprio compito, che sono però slegati dal resto del team e non sono coinvolti nel raggiungere risultati prefissati.

Se vuoi che il tuo negozio migliori ogni giorno, tutti i tuoi dipendenti devono essere guidati verso lo spirito di squadra: l'accountability è un passo in più che implica di far proprio gli obiettivi della squadra e impegnarsi al massimo per raggiungerli. Muovendosi non più come singolo ma come membro di una squadra unita e compatta.

Per fare in modo che i tuoi collaboratori possano sviluppare questa attitudine, procedi in questo modo:

- Definisci gli obiettivi individuali chiari, raggiungibili e misurabili;
- Predisponi incentivi e premi legati agli obiettivi di squadra, oltre che a quelli individuali.
- Sviluppa l'attenzione alle" best practice ": se un tuo dipendente ottiene un ottimo risultato, fa sì che racconti questa esperienza agli altri.

Queste disfunzioni bloccano la capacità di una squadra e rischiano di diventare dannose per l'intera azienda, portandola irrimediabilmente al fallimento. Se vuoi che la tua azienda sia florida e proficua, fai in modo che queste situazioni non prendano mai piede nel tuo team o, in caso dovessero presentarsi, fai in modo di spegnerle sul nascere.

La riunione aziendale

Le riunioni sono uno strumento di lavoro importante gestire al meglio il nostro negozio e tutte le attività di cui è necessario discutere: organizzazione, contabilità, divisione compiti, risoluzione problemi ma non solo. Le riunioni possono anche diventare un momento conviviale di serenità atto a migliorare la qualità della vita del team.

Spesso però alcuni ritengono le riunioni inefficaci, inefficienti, pesanti, vissute come una perdita di tempo o lente, capaci più di rimandare i problemi che di risolverli, oppure che siano attività rituali da dover svolgere per ottemperare a qualche insolita e poco comprensibile procedura o per obblighi burocratici.

Però sbagliamo a non considerare che anche per le riunioni, come per tutti gli strumenti operativi e gestionali che abbiamo visto, esistono delle tecniche che fanno in modo di renderle più efficaci.

Grazie alle riunioni si possono raggiungere tanti risultati, alcuni attesi e altri solo sperati, si possono prendere decisioni migliori, si ascoltano vari punti di vista, vengono date le idee più innovative e vincenti. Insomma, grazie alla loro messa in atto è possibile riuscire ad avere una marcia in più dei progetti e della creatività che forse manca al nostro negozio.

Iniziamo a pensare alla riunione come uno degli strumenti necessari per il nostro lavoro.

La definizione base della riunione è riassumibile nell'enunciato: "l'incontro tra più persone, insieme di persone riunite".

Esistono diversi tipi di riunioni e ancor più diverso è il modo corretto e il ruolo da assumere al suo interno: in base al tipo di riunione, vengono anche definiti i ruoli base delle persone che vi partecipano.

Le riunioni danno alle persone la possibilità di pensare, pianificare e agire insieme e sono un modo efficiente per assicurare una comprensione comune da parte di tutti i partecipanti su argomenti specifici. Inoltre Permettono la diffusione delle conoscenze e il miglioramento della qualità con lo scambio e la circolazione delle informazioni, hanno sempre degli obiettivi e sono attività comunicative senza dimenticare l'importanza della componente non verbale dei messaggi come l'ambiente in cui viene svolta e il morale psicologico dei suoi partecipanti.

Il più delle volte la riunione è organizzata da tempo e così diventa uno strumento che mantiene la rete organizzativa e gestionale del negozio.

La riunione viene indetta soprattutto quando è necessario un cambiamento di rotta nel modo di gestire o se è necessario prendere delle decisioni importanti. Possiamo dire che una riunione nasce per vari motivi, ma i più importanti sono:

- La costruzione, il mantenimento e la consolidazione delle relazioni interpersonali;
- Lo scambio d'informazioni
- Il miglioramento di una situazione
- Il dibattimento di nuove idee e proposte.
- La valutazione di situazioni critiche

Viste le varie motivazioni che spingono a fissare una riunione, andiamo anche a vedere quali sono i tipi di riunioni che esistono e le loro caratteristiche. Le riunioni, generalmente, possono esser raggruppate in quattro tipologie e non è raro che una riunione nata per uno scopo possa, durante il suo svolgimento, defluire in una tipologia diversa.

1. La riunione informativa: nata per fornire dati e informazioni, aggiornare sulle situazioni, esplicitare linee di gestione, dare disposizioni, diffondere informazioni. Sono quelle che non generano un prodotto innovativo o tangibile. La loro caratteristica è di non dover portare a prendere decisioni ma si possono divulgare informazioni e conoscenze, aggiornarsi, illustrare le attività, consultare. Sono anche le riunioni in cui si ci aggiorna su quanto si è fatto e si illustra ai colleghi le attività o le novità che si saranno nel prossimo periodo. Sono anche riunioni di consultazione durante le quali viene presentato un problema o una proposta

per sentire inizialmente il parere dei convenuti.
2. La riunione consultiva: per raccogliere pareri, valutare situazioni complesse, confrontare specifiche competenze, elaborare possibili scenari alternativi, preparare il momento decisionale. Sono riunioni durante le quali si dibattono dei problemi e che prevedono come prodotto una decisione per attivarne la soluzione. A volte la decisione è rinviata, ma talvolta anche il "non decidere" diventa a sua volta una decisione. Spesso il momento decisionale non occupa tutta la riunione e una parte del tempo può essere dedicata ad informarsi sull'andamento delle attività per completare il quadro conoscitivo dei singoli sulla specifica situazione. Sono le riunioni più complesse dal punto di vista delle dinamiche interpersonali e sono le più

difficili da condurre. Appartengono a questo tipo anche le riunioni di addestramento (come le prove collettive), per le quali il prodotto è una migliore qualità del lavoro di insieme.
3. La riunione decisionale: per produrre una decisione, approvare l'adozione di una raccomandazione, scegliere tra proposte alternative, definire dei piani operativi, stabilire ruoli e responsabilità, avviare dei progetti, negoziare e concordare delle soluzioni.
4. La riunione creativa: per cercare e proporre soluzioni o il miglioramento della qualità. Questo tipo di riunione può avere un forte carattere analitico o sintetico. Sono riunioni che contribuiscono ad aumentare la probabilità di trovare il migliore approccio per affrontare e risolvere un problema. La tecnica utilizzata è nota come

brainstorming, la tempesta d'idee, ed è una tecnica di lavoro di gruppo che privilegia l'uso della fantasia e dell'esperienza per far emergere idee volte alla risoluzione di un problema. In questo tipo di riunione è molto importante realizzare un ambiente di lavoro collaborativo che agevoli la partecipazione per avere i migliori contributi possibili, valorizzando l'intuizione e la creatività dei singoli.

Nel brainstorming si utilizza il lavoro di gruppo con riunioni perché la quantità aiuta a produrre qualità ed è necessario che non vengono emessi giudizi sulle proposte, prendere nota, da parte del coordinatore, di tutto quello che viene detto.

Solo nella fase successiva al brainstorming che le proposte vengono vagliate, verificando come le varie idee potranno essere effettivamente realizzate con tutti i relativi limiti e vincoli.

Una riunione non ha un limite di tempo ma, tendenzialmente, si raccomanda di non superare mai le due ore perché poi potrebbero subentrare stanchezza e calo d'interesse da parte dei partecipanti o magari interromperla con delle pause di media o breve durata prima della ripresa.

In ogni riunione che si rispetti è necessario stabilire i ruoli che saranno ricoperti: se da un lato troviamo tutti i partecipanti, coloro che fanno parte dello staff, intenti ad ascoltare e prendere appunti, dall'altro lato troviamo colui che tiene banco, la persona che ha in mano il "martelletto" del potere ovvero il coordinatore della riunione.

Il coordinatore può essere la persona che ha stabilito la necessità della riunione e la sua convocazione oppure qualcuno delegato dal titolare o chi riveste un ruolo istituzionale all'interno della tua attività. Il coordinatore è colui che stabilisce la gestione e il controllo dell'evento, definisce l'obiettivo e sceglie quale tipo di riunione sarà eseguita. Il coordinatore è anche colui che sceglie quali e quanti saranno i partecipanti alla riunione: in realtà più grandi non sempre vengono convocati tutti i dipendenti ma, se la tua attività lo permette, ti consiglio sempre di coinvolgere tutti i membri del tuo staff all'interno delle varie riunioni.

Essa infatti è un ulteriore lavoro di gruppo e, se consideriamo la psicologia, il coordinatore deve riuscire a coinvolgere ogni partecipante per farlo sentire sempre membro speciale di una grande famiglia.

Compito del coordinato è quello di progettare la riunione e gestendola con gli strumenti che ritiene siano più utili. Nell'organizzazione deve: arrivare per primo; verificare che il luogo in cui si svolgerà la riunione sia adatto e primo di stimoli che potrebbero distrarre i partecipanti; che l'arrendo sia funzionale allo svolgimento della riunione e che siano presenti tutti i supporti logistici come sedie, scrivanie, penne, acqua e altre bevande.

Ma sappiamo come partecipare in maniera attiva e funzionale ad una riunione? Vediamo quali sono quindi le cose da fare assolutamente e quali invece vanno evitare per far risultare la nostra presenza durante una riunione davvero perfetta:

- Verificare il proprio interesse a partecipare alla riunione.
- Valutare la propria disponibilità per la data e l'ora della convocazione e

avvisare tempestivamente il Coordinatore se non sarà possibile partecipare.

- Leggere con attenzione l'agenda (ordine del giorno) inviata con la convocazione.
- Informarsi su come arrivare al luogo della riunione
- Sentirsi pronti e all'altezza della situazione e prepararsi sugli argomenti trattati raccogliendo e studiando la necessaria documentazione e approntando il materiale
- Arrivare puntuali o avvisare (prima) il Coordinatore in caso di ritardo.
- Eliminare ogni potenziale azione di disturbo: meglio spegnere i telefoni e non utilizzare i computer portatili se non per diretta necessità dell'incontro.
- Ascoltare attentamente gli interventi altrui e astenersi da commenti personali

che non siano strettamente necessari al corretto svolgimento della riunione
- Preparare gli interventi ed evitare le ripetizioni che sono una delle principali cause di cattivo uso del tempo. Utilizzare una buona tecnica espositiva per parlare in pubblico
- Mantenere un atteggiamento positivo e collaborativo.

Tutte cose molte semplice e scontate, ma spesso non è così. E se queste sono le cose da fare durante una riunione, ti sei mai chiesto cosa rende una riunione inutile e poco funzionale? Ecco qui una bella sintesi dei più grandi "sintomi" delle riunioni malate.

- Non sono chiari gli obiettivi.
- Non sono ben definiti e chiari i ruoli nella riunione
- Non sono chiare le regole di conduzione della riunione.

- Sono presenti persone non coinvolte negli argomenti in discussione o mancano delle persone di riferimento importanti per la discussione.
- Le riunioni non sono prese in seria considerazione: le persone arrivano tardi, se ne vanno presto, non danno sufficiente attenzione a quanto avviene durante la riunione.
- Le riunioni sono troppo lunghe.
- Le persone non hanno compreso gli obiettivi della riunione e gli argomenti all'ordine del giorno.
- Viene speso troppo tempo nel divagare piuttosto che nel discutere sui temi specifici della riunione.
- Le discussioni sono lunghe con eccessive ripetizioni.
- L'ordine del giorno non viene rispettato e si parla di troppi argomenti.

- C'è molta discussione ma con poca sincerità.
- Mancano alcune importanti informazioni e le decisioni devono essere rimandate.
- Si percepisce senso di frustrazione o di noia nei partecipanti.
- Nulla accade al termine della riunione; le decisioni prese non vengono convertite in azioni.
- Le riunioni non migliorano perché i partecipanti fanno sempre gli stessi errori.

Ora che sai come svolgere una riunione e qual è la sua importanza, metti in pratica subito questi accorgimenti e convoca una riunione con il tuo staff.

Cambia la tua mentalità

Il tuo commercio cresce nella misura in cui cresci tu: per farlo nella maniera migliore, devi puntare tutto sul Mindset.

Avere il giusto mindset è quello che accomuna tutte le persone di successo, sia nella vita privata che in quella professionale. Cambiare personalità è il punto di partenza che ti permette di affrontare ogni problema della vita, dalle scelte più complesse a quelle più semplici, con una mentalità da vero imprenditore e professionista.

Nella vita ci sono tante cose che non puoi controllare, semplicemente perché non dipendono da te. Ma ce ne sono altre in cui sei proprio tu a fare la differenza. Tra queste ci sono la tua mentalità, le tue competenze e le tue abilità. Tutti gli strumenti di cui hai bisogno per raggiungere i tuoi obiettivi sono già dentro di te: non devi creare nulla, ma solo trovare il modo giusto per farli emergere e sfruttarli al massimo.

Il cambio di prospettiva nei confronti della realtà è un bene: è questo ciò che ti aiuta ad affrontare gli ostacoli con una predisposizione d'animo diversa e un diverso modo di valutare le vie di fuga per uscire sempre a testa alta da ogni situazione.

Con Mindset ci riferiamo allo stato mentale abituale di un individuo: questo ha un ruolo fondamentale sul modo in cui svolgi i compiti di tutti i giorni, prendi le decisioni e affronti le sfide che la vita ti pone davanti. La tua mentalità è formata da tutti i condizionamenti e dalle credenze che hai assimilato nel corso della vita: questo bagaglio culturale è ciò che determina l'atteggiamento abituale che muove le tue azioni e il tuo modo di reagire nelle varie circostanze.

Quindi possiamo definire il Mindset il modo con cui reagisci di fronte alle situazioni.

Per capire come cambiare la tua mentalità devi prima riconoscere e sapere quali sono i tuoi limiti, le tue paure, le tue difficoltà: sono queste a farti credere di non poter affrontare alcune situazioni e sono sempre loro a farti vedere il lato negativo di ogni situazione.

Il Mindset contiene due tipi di mentalità. La suddivisione si basa sul presupposto che tutti abbiamo delle qualità e delle abilità innate ma che, in alcuni individui, possono esser più accentuate:

- Fixed mindset: tipica di chi ha una mentalità fissa, è pensare che le proprie qualità, come l'intelligenza, la logica o il talento, siano delle qualità fisse, immutabili. Crede inoltre che queste

possano svilupparsi da sole, senza l'impegno e lo sforzo;
- Growht mindset: tipica di chi pensa che le proprie qualità di base e le proprie abilità possano essere accresciute e perfezionate attraverso lo studio e la pratica.

La differenza fra le tue tipologie di mentalità è l'azione: chi crede di non poter migliorare quello che ha già, non ci prova neanche a considerare l'idea di poter modificare la propria mente; le persone di successo invece credono di poter far tutto da soli grazie al loro impegno.

Ma come possiamo abbandonare la mentalità fissa e passare a una in continua crescita? Solo con tanta e tanta pratica: è questo il modo migliore per riuscire a fissare i concetti teorici e realizzare quelli che sono per noi buoni propositi. Non devi fare altro che tradurre in attività reali e utili le tue intenzioni.

Per farlo devi riuscire ad acquisire un nuovo Mindset: introduci nella tua mente solo concetti positivi che possono essere utili nella tua vita personale e professionale. E non pensare che la mentalità sia qualcosa di difficile da cambiare: sì, la strada è lunga e dovrai esser davvero motivato, ma puoi riuscirci.

Esistono dei passaggi specifici che compongono il procedimento più indicato per cambiare mentalità:

- Prendere consapevolezza della propria mentalità fissa: quello che ti impedisce di raggiungere i risultati che vuoi risiede nelle tue paure e nelle tue falsate convinzioni;
- Convincersi di poter cambiare: la consapevolezza di poter realmente cambiare è una fase saliente del processo;
- Accettare gli errori;

- Ragionare come se avessi già un mindset vincente;
- Agire secondo il growht mindset: ascoltati, agisci, cadi, rialzati e accetta tutte le sfide che hai davanti.

Queste sono le tappe del percorso che ti permetteranno di cambiare mindset. Quando lo avrai completato sarai in grado di prendere le migliori decisioni nella tua vita quotidiana e, soprattutto, per la tua attività.

L'errore più comune che possiamo commettere quando decidiamo di cambiare mentalità, è quello di poter fare tutto da soli: mi dispiace dirlo ma per molti individui si rende necessario l'aiuto da parte di un professionista, quello che viene chiamato Coach. Questo professionista ha provato prima di noi ha cambiare mentalità, ci è riuscito e ora insegna agli altri come fare.

Visto che noi parliamo di negozi e commercio, quello di cui abbiamo bisogno non è un professionista qualsiasi ma un Business Coach: un valido aiuto per avviare il processo di cambiamento, esaltare le nostre qualità e far crescere il nostro business.

Tutti i più grandi imprenditori hanno sviluppato una mentalità improntata alla continua crescita e hanno sviluppato un vero e proprio business mindset, o mindset imprenditoriale: è un sistema di conoscenze che ti permetteranno di avere successo come professionista e di far crescere il tuo negozio e la tua azienda.

Ecco quali sono le caratteristiche che vengono richieste da chiunque voglia improntare il proprio Mindset al successo:

- Focalizzarsi sugli obiettivi;
- Esser resilienti, non arrendersi di fronte alle avversità;

- Cercare soluzioni semplici a problemi complessi;
- Imparare dagli errori e non lasciarsi scoraggiare;
- Accettare le critiche costruttive;
- Creare valore con ciò che si produce;
- Assumersi le responsabilità delle proprie scelte.

Ma Il processo di cambiamento non finisce quando riesci a raggiungere il giusto mindset: è in quel momento che inizia il lavoro più duro. Il mindset va anche mantenuto nel tempo. Finché tutto va bene niente può demotivarci ma quando invece arriva un problema o un periodo particolarmente stressante o critico, come mantenere vivo il Mindset?

Per evitare di vacillare ricordati di:

- Fissare gli obiettivi a inizio giornata;

- Tenere nota, a fine giornata, di almeno tre cose per cui sei grato;
- Circondarsi di persone che ammiriamo;
- Donare agli altri;
- Ridere e sorridere;
- Non smettere mai di crescere: nella vita non si finisce mai di apprendere e migliorare, per questo ti esorto a imparare almeno una cosa nuova ogni giorno.

Più riuscirai a mantenere il tuo mindset positivo e improntato al successo, più facile sarà raggiungerlo tutte le volte che vorrai.

Le persone giuste in ogni azienda o in ogni negozio

Ma per quanto un negozio possa esser ben fatto, usare tutte le strategie giuste e guidarsi verso il modo corretto di far commercio, c'è ancora una cosa che manca all'appello, anzi più di una. Le persone che vivono quotidianamente il negozio. Mi riferisco a te, il titolare, al responsabile del tuo punto vendita e al commesso venditore.

Se pensavi che questi tre ruoli potessero essere ricoperti da una sola persona, ti sbagli di grosso: ognuna di queste figure ricopre un ruolo e ha delle funzioni specifiche e la sua permanenza all'interno dell'attività porta solo benefici organizzativi, amministrativi e fiscali. E non dimentichiamo il tempo libero che tu finalmente riuscirai ad avere.

Lo Store Manager: le mansioni del responsabile.

Lo Store Manager è il responsabile del punto vendita, una delle figure professionali di alto livello del settore Retail, e per questo motivo potresti anche trovare il suo ruolo sotto la voce "Retail Manager".

Il suo compito è quello di gestire ogni aspetto legato all'operatività del negozio: Amministrazione, Marketing operativo, Organizzazione e gestione dello staff. È il punto di riferimento per tutti i lavoratori del negozio e riporta ogni cosa che avviene nello stesso al titolare.

Il suo compito principale è quello di occuparsi della gestione economica, dell'organizzazione del personale e della supervisione di tutte le attività che si svolgono nel punto vendita.

Per quanto riguarda la gestione economica, ogni negozio ha dei target di vendita da raggiungere, degli obiettivi che il titolare chiede al suo staff di perseguire. È compito del responsabile del negozio raggiungere questi obiettivi: per farlo raccoglie i dati delle vendite e svolge un lavoro di analisi e documentazione di tutti quelli indicatori che sono utili per valutare l'andamento vendita del negozio. Così facendo riferisce al titolare quali sono state le prestazioni del team e quelle dei singoli commessi, individuando le migliori strategie per ottimizzare le vendite: può infatti proporre di ricorrere a promozioni, offerte speciali, campagne pubblicitarie oppure bonus e incentivi per i dipendenti.

Lo Store Manager è anche il responsabile del personale: tra i suoi compiti c'è quello di assicurare che il negozio abbia un numero sufficiente di addetti per essere operativo.

Svolge quindi anche funzioni di addetto alle risorse umane: gestisce i turni e le ferie, pubblica le offerte di lavoro, seleziona il personale, supporta i lavoratori e si assicura che ogni dipendente riceva la giusta formazione per svolgere al meglio il suo compito. Soprattutto si occupa di assicurarsi che i dipendenti siano preparati all'accoglienza del cliente: uno dei più importanti fattori che determinano il successo di un negozio, dal benvenuto, alla gestione di reclami, all'assistenza, alla fine della vendita, al congedo e all'augurio che il cliente torni a fare acquisti nel punto vendita.

Ultimo compito è quello di controllare l'organizzazione del negozio: deve assicurarsi che i prodotti siano ben collocati, che il locale sia pulito e ordinato, sempre rifornito e che non abbia carenze di alcun tipo. Coordina i prezzi, gestisce i contatti con i fornitori, si informa sulle giacenze del magazzino e controlla che i resi dei prodotti avvengano nella maniera corretta. È suo il compito di assicurare anche il rispetto delle norme igienico-sanitarie e quelle riguardanti la sicurezza sul lavoro.

In alcuni casi potrebbe anche occuparsi dell'apertura e della chiusura del negozio, di verificare la contabilità giornaliera e procedere alla chiusura fiscale. Interviene in prima linea in caso di lamentele in modo diretto ed efficiente per risolvere il problema.

La cosa fondamentale è che qualsiasi punto vendita, di qualsiasi settore, ha bisogno di uno Store Manager. Sia che tu abbia un negozio di abbigliamento, scarpe, alimentari, bricolage, articoli sportivi, cosmetici, elettronica, arredamento, ottica, telefonia o elettrodomestici questa figura non può assolutamente mancare.

È anche l'impiegato che ha il numero di ore di lavoro più alto di tutto lo staff: segue l'orario di apertura del negozio e può anche lavorare nei giorni festivi.

Il commesso venditore: dalla vendita all'esperienza del cliente

Il commesso venditore è la figura chiave di ogni negozio: è colui che si occupa dell'accoglienza del cliente e che lo supporta negli acquisti, vendendo i prodotti che sono presenti all'interno del punto vendita.

Le principali mansioni di un commesso venditore riguardando appunto l'accoglienza del cliente e fare in modo che abbia la migliore esperienza di acquisto possibile: suo è il compito d'informarsi sui bisogni e sui desideri del cliente, consiglia e supporta durante l'acquisto, fornisce tutte le informazioni in suo possesso sulla merce presente nel negozio. Spiega le caratteristiche, l'uso, il funzionamento dei prodotti e informa il cliente se ci sono promozioni in corso. Conosce perfettamente la collocazione di ogni prodotto presente all'interno del negozio, la sua disposizione e il costo.

Per esempio il commesso venditore di un negozio d'abbigliamento fornisce consigli su taglie, abbinamenti di colore e stile dei vestiti, propone alterative che assecondino i gusti del clienti. Quello di un negozio di elettronica è aggiornato su ogni aspetto della tecnologia, conosce le ultime uscite presenti sul mercato ed è in grado di fornire assistenza e informazione sulle caratteristiche di ogni apparecchio.

Il compito di un commesso venditore inoltre si estende alla gestione del punto vendita, in particolare deve: prelevare la merce dal magazzino, sistemare i prodotti, applicare l'antitaccheggio, riordinare e riassortire i reparti, mantenere pulito e in ordine l'ambiente; sorveglia il comportamento dei clienti prevenendo atteggiamenti inadeguati o dannosi, usa il registratore di cassa, allestisce la vetrina, effettua l'inventario e si occupa delle merci in entrare e in uscita dal magazzino.

È importante che il commesso venditore abbia molta resistenza fisica, visto che il suo lavoro si svolge prevalentemente in piedi, è che abbia una buona dose di pazienza e resistenza allo stress, così da soddisfare e tener testa anche ai clienti più ostici.

La sua permanenza all'interno del negozio è divisa per turni: copre le aperture e le chiusure, può lavorare nei fine settimana e anche nei giorni festivi.

Il titolare: il marketing strategico e la gestione finanziaria

Il titolare del negozio o dell'attività, è la figura a capo dell'intera attività. Il negozio è il suo, è lui il proprietario: spesso la figura del titolare, soprattutto nelle realtà più piccole, assume anche i compiti che svolge il Retail Manager.

Il suo obiettivo principale è quello che riguarda la strategia di marketing e la gestione finanziaria del negozio: collabora con i professionisti del settore, si rende disponibile a incontrare i suoi dipendenti, indice riunioni e svolge una presenza fissa all'interno del negozio.

Nonostante il motore siano i commessi, spesso i clienti hanno la necessità di vedere la sua presenza all'interno del negozio.

Tra le sue altre principali responsabilità, possiamo includere:

- La pianificazione del negozio, della vendita e di tutti i reparti dell'azienda;
- La gestione dello staff e la distribuzione dei compiti;

- Assicurare che le lamentele dei clienti vengano gestite in modo professionale ed efficiente;
- Determinare i requisiti dei membri dello staff;
- Applicare le politiche di prezzo;
- Garantire che il negozio abbia un inventario adeguato, che la merce venga commercializzata in modo opportuno e che sia pulito e ben mantenuto;
- Stabilire gli obbiettivi di vendita;
- Supervisionare e dirigere i membri dello staff;
- Riesaminare le prestazioni della struttura al fine di valutare gli obiettivi di vendita, i costi del lavoro e i guadagni sulle vendite;
- Riesaminare e utilizzare i report mensili di profitti e perdite per rispettare il budget;

- Completare i rapporti di vendita settimanali, trimestrali e mensili e assicurando gli obiettivi di vendita;
- Analizzare ricerche di mercato e tendenze per calcolare la domanda dei consumatori, il potenziale volume di vendita e gli effetti dell'attività della concorrenza sulle vendite;
- Determinare nuovi prodotti e servizi da vendere;
- Determinare il potenziale di vendita e i requisiti dei prodotti e dei servizi in inventario;
- Monitorare le preferenze dei clienti;
- Individuare, selezionare e procurare merce per la rivendita;
- Sviluppare e applicare strategie di marketing;
- Creare e applicare piani d'azione in modo da massimizzare le vendite e

migliorare la rendita generale dell'esercizio;
- Progettare vendite e determinare la redditività di prodotti e servizi;
- Sviluppare e applicare strategie per acquisire nuovi clienti (ad esempio tramite tecniche di vendita diretta e pubblicità);
- Organizzare l'esibizione funzionale dei prodotti ed eventi speciali all'interno del negozio;
- Mantenersi aggiornati sulle ultime tendenze di mercato del settore, e sull'attività della concorrenza;
- Comprendere il mercato locale e determinare le possibilità di crescita dell'attività commerciale;
- Assicurarsi che tutti i dipendenti aderiscano alle politiche e procedure aziendali in tema di salute e sicurezza.

Per essere un bravo titolare, ti verranno richieste anche particolari qualifiche e competenze, come:

- Una comunicazione chiara, che crei un ambiente positivo e trasparente con dipendenti, colleghi e clienti;
- Una personalità amichevole e coinvolgente che permetta di stabilire interazioni positive con i clienti;
- Capacità d'ascolto e comprensione, verso clienti e dipendenti;
- Eccezionali capacità di leadership e team-building;
- Essere in grado di creare un ambiente di lavoro positivo;
- Essere intraprendenti, energici e dimostrare grande spirito d'iniziativa;
- Essere dinamici e orientati all'obbiettivo;
- Capacità analitiche, decisionali e di problem-solving: quindi riuscire a

identificare e risolvere i problemi tempestivamente, essere in grado di raccogliere e analizzare dati qualitativi e quantitativi;
- Una grande attenzione ai dettagli.

Conclusione: il glossario dell'imprenditore di successo

Prima di salutarci un ultimo consiglio: se vuoi davvero risultare credibile manca ancora un passo: imparare il giusto linguaggio.

L'imprenditore di successo è al passo dei tempi, anche per la semantica e quindi usa i termini corretti in ogni situazione e in ogni contesto. Fai tuoi questi nuovi vocaboli e inizia la tua nuova vita d'imprenditore.

Grazie per aver letto le mie parole.

Accomandanti: nella società in accomandita semplice, sono i soci che, per le obbligazioni sociali, rispondono limitatamente alla quota conferita. Tali soci non possono svolgere atti di amministrazione, ma hanno il diritto alla comunicazione del bilancio, del conto economico, nonché di verificarne l'esattezza in base alle scritture contabili.

Accomandatari: nella società in accomandita semplice, sono i soci che per le obbligazioni sociali rispondono illimitatamente, ossia anche con il loro patrimonio personale. Tali soci hanno il potere di amministrazione della società.

Activity Based management: attività dell'impresa basata sulla gestione per processi (vedi).

Action plan: serie di attività programmate all'interno di un'impresa che indicano cosa deve essere attuato, entro quando tale attività deve essere completata e chi ne è il responsabile.

Amministratore delegato: componente del consiglio d'amministrazione di una società, a cui il consiglio stesso può delegare alcune funzioni determinando i limiti della delega.

Amministratore giudiziario: l'amministratore nominato dal Tribunale, in presenza di gravi irregolarità riscontrate nell'amministrazione, a seguito di denuncia da parte dei soci che rappresentino almeno un decimo del capitale sociale.

Amministratore unico: è l'organo amministrativo delle società che affidano l'amministrazione a una sola persona. In tal caso, i poteri di amministrazione sono esercitati da tale unica persona anziché dal consiglio d'amministrazione.

Analisi costi benefici: si intende un'analisi volta a valutare la convenienza di un determinato progetto di investimento, allo scopo di decidere se metterlo in atto.

Autoconsumo: si realizza quando un soggetto esercente attività destina un bene a finalità diverse da quelle aventi ad oggetto la propria attività; si realizza l'autoconsumo quando, a esempio, si destina un bene a uso o consumo, personale o familiare. Al verificarsi di tale fattispecie, che viene assimilata alla cessione, è prevista l'emissione di un'autofattura rilevante ai fini IVA e alle imposte sui redditi.

Autofattura: documento la cui emissione è prevista per legge al verificarsi di determinate fattispecie. Si definisce tale a esempio, sia la fattura emessa da un determinato soggetto in sostituzione del soggetto effettivamente obbligato ad emetterla e sia quella emessa nei confronti del medesimo soggetto che la emette che in tal caso funge contemporaneamente sia da cedente che da acquirente (vedi autoconsumo).

Autostima: gli psicologi definiscono l'autostima come «l'unità centrale del nostro essere», il motore delle nostre azioni, l'origine degli atteggiamenti mentali vincenti o perdenti. Avere autostima non significa arroganza o prepotenza, ma l'assoluto rispetto di sé e degli altri. Caruso ha introdotto il concetto di 'autostima d'impresa'.

Barriere all'entrata: gli ostacoli di natura economica, finanziaria, organizzativa, conoscitiva, legale e di altro genere che un'impresa deve superare per poter entrare in un settore di mercato.

B2B. Business to business: l'espressione indica generalmente i rapporti tra imprese nel mercato dei prodotti industriali. Quest'ultimo si caratterizza per il fatto che acquirente e venditore perseguono gli stessi obiettivi e hanno simili configurazioni organizzativo-decisionali.

B2C. Business to customer: l'espressione indica l'insieme delle transazioni commerciali di beni e servizi tra imprese e consumatori finali. E' l'azienda a determinare il prezzo dell'oggetto o del servizio oggetto della transazione. Processo decisorio inverso è descritto dal C2B.

B2E. Business to employess: si tratta di un'evoluzione del commercio elettronico, ove viene prevista la fornitura di servizi e prodotti da parte di un'impresa verso i suoi dipendenti e collaboratori, diretti e indiretti.

B2G. (Business to government): si tratta di una parte del commercio elettronico che vede protagoniste le imprese del mercato che offrono servizi e prodotti ad agenzie e strutture pubbliche via Internet.

B2P. (Business to partner): si intende per B2P quelle attività che consentono alle imprese di gestire in modo completo i rapporti con i propri partner, sia nella distribuzione (Supply Chain a valle) che nell'approvvigionamento.

Best practice: con riferimento a prestazioni o indicatori aziendali, rappresentano i migliori esistenti al mondo.

Business plan: esposizione degli obiettivi che l'impresa vuole perseguire nel breve e nel medio periodo in termini di strategia, costi, fatturato e profitti. Un business plan può riguardare anche la realizzazione di un singolo progetto di sviluppo all'interno dell'impresa. Un business plan da presentare a una banca al fine di ottenere il finanziamento a un progetto deve contenere: Descrizione sommaria del progetto d'investimento e illustrazione del tipo di impresa/nuovo prodotto che si intende creare. Presentazione dell'imprenditore e del management (esperienze pregresse e ruoli nella nuova iniziativa). Indicazioni sul mercato, sulle caratteristiche della concorrenza e su fattori critici (punti di forza e punti di debolezza rispetto al mercato). Obiettivi di vendita e organizzazione commerciale. Ricerca di mercato. Descrizione della fattibilità tecnica del progetto d'investimento relativamente al processo produttivo, alla necessità di investimenti in impianti, alla disponibilità di manodopera e di servizi quali trasporti, energie, telecomunicazioni. Piano di fattibilità economico - finanziaria quadriennale o quinquennale con indicazione del fabbisogno finanziario complessivo (per investimenti tecnici, immateriali e per capitale circolante) e delle relative coperture. Informazioni sulla redditività attesa dell'investimento e sui fattori di rischio che possono influenzarla negativamente, partendo da ipotesi realistiche e prudenziali. Indicazione degli investitori coinvolti e la proposta di partecipazione richiesta alla banca/finanziatore. Sintetica valutazione dell'impatto ambientale del progetto. Piano temporale di sviluppo delle attività.

Business to business (b2b): rapporto di scambio tra due imprese, in particolare tra chi vende e chi compra.

Business to customer (b2c): rapporto di scambio tra un'impresa e un consumatore.

Capacità ottimale d'impresa: livello di produzione che ne minimizza il costo unitario.

Cash flow: la quantità di denaro che in un dato periodo di tempo è entrata ed è uscita dalle casse dell'impresa, indipendentemente da debiti, ammortamenti e altri impegni.

Commercio elettronico e-commerce: la gestione attraverso Internet di una transazione economica composta da alcune o da tutte le seguenti fasi: offerta, ordine, se possibile consegna digitale del prodotto, processo di pagamento.

Costo del lavoro: il costo del lavoro rientra fra i costi della produzione in un'impresa. Esso non comprende solo il salario corrisposto ai lavoratori, ma anche i contributi sociali obbligatori versati sia dall'imprenditore (per la maggior parte), sia dai lavoratori stessi. Normalmente il costo del lavoro rappresenta la parte più consistente dei costi della produzione.

Cross selling: la predisposizione del cliente a fornirsi dallo stesso produttore, di prodotti diversi.

Differenziazione: è un elemento base del marketing e un importante strumento di vantaggio competitivo. Infatti, il successo di un prodotto può essere dovuto alla sua capacità di essere o di apparire diverso rispetto al prodotto della concorrenza.

Ditta: è il nome commerciale dell'imprenditore e lo individua come soggetto di diritto nell'esercizio di un attività d'impresa.

Dumping: vendita di un bene o di un servizio su di un mercato estero (mercato di importazione) a un prezzo inferiore a quello di vendita (o, addirittura, a quello di produzione) del medesimo prodotto sul mercato di origine (mercato di esportazione).

E-business: consiste nell'utilizzo delle tecnologie informatiche di networking nei processi economici. In particolare, fanno parte dell'e-business tutti gli scambi condotti attraverso le reti di telecomunicazione e in particolare tramite Internet.

Economia aziendale: è la disciplina scientifica dedicata all'elaborazione di conoscenze e teorie utili per il governo economico dei sistemi sociali di ogni ordine.

Eco Label: marchio di "qualità" di cui si può avvalere l'impresa che promuove lo sviluppo e l'uso di prodotti con minore impatto ambientale e fornisce ai consumatori una trasparente informazione su di essi.

Flusso di cassa: è la somma del reddito netto di una società, degli ammortamenti e degli accantonamenti a riserva. Vedi glossario dei termini finanziari.

Franchising: accordo di collaborazione che vede da una parte un'impresa con una formula commerciale consolidata (affiliante, o franchisor) e dall'altra una società o una persona fisica (affiliato, o franchisee) che aderisce a questa formula.

Front office: termine mutuato dalla lingua inglese che indica personale o strutture dedicate all'interno di un'impresa quali interfaccia di questa nei confronti del mercato e dei clienti in genere. Il Front Office di un'impresa solitamente svolge funzioni di interazione quali pre-vendita, vendita, supporto. .

Identità dell'impresa: l'impresa va considerata come una persona con la propria identità, e cioè l'insieme di princìpi, regole e valori.

Imitazione servile: l'imitazione servile viene commessa da un'impresa che, al fine di confondere il pubblico e gli acquirenti in generale sulla provenienza dei prodotti venduti, presenta il frutto della propria produzione sotto forme del tutto simili a quelle di un'altra impresa.

Immagine dell'impresa: è la rappresentazione verso il mondo esterno di due componenti dell'impresa, una cognitiva e una emotiva. La prima è costituita dai numeri, dai fatti, da esperienze dirette o indirette avute con l'impresa, dai comportamenti, dalle risposte. La seconda è costituita dal coinvolgimento emotivo, dal ricordo, dalla tradizione, dai valori, dall'orientamento personale di chi esprime la valutazione.

Intelligenza emotiva: è la capacità di essere intelligenti nella sfera delle emozioni, ha un'enorme importanza per l'impresa e uno dei compiti del leader è esercitare la propria intelligenza emotiva e stimolarla tra i propri dipendenti.

Leadership: nella piccola o micro impresa, la leadership coincide, solitamente, con l'imprenditore, che, quindi, può essere definito il leader, nella media e grande impresa la leadership, generalmente, è costituita dai più alti dirigenti, definiti anche top management.

Marchio: segno distintivo, costituito da un emblema, un'icona o da una denominazione impressi o applicati sui prodotti. Si differenzia dalla marca (ad esempio Nike è la marca, il disegnino a forma di ala impresso sulle scarpe il marchio).

Marketing: l'insieme delle azioni di un'impresa volte a creare un circolo virtuoso tra impresa e mercato (definizione di E. Caruso). Vedi Glossario del marketing.

Marketing di massa: marketing basato su un'interpretazione omogenea del mercato, per cui non esistono i segmenti.

Marketing, Direct: il direct marketing è un marketing interattivo che utilizza uno o più media pubblicitari che consentono di ottenere una risposta misurabile e/o una transazione. Si caratterizza per la sua capillarità e selettività; riesce a personalizzare la comunicazione tra impresa e cliente costruendo un marketing mix personalizzato per il cliente.

Marketing interno: insieme delle attività dell'impresa volte a comunicare con i suoi clienti interni, ovvero l'intero personale, in modo da formarlo, motivarlo e renderlo partecipe, con la finalità ultima di soddisfare e servire il cliente in modo efficace ed efficiente.

Marketing mix: l'insieme delle politiche di marketing che coinvolgono: il prodotto/servizio, il prezzo, la promozione e la vendita.

Merchandising: è definito come l'insieme delle tecniche, a differenti livelli, orientate a vendere, alle condizioni migliori, nei più appropriati punti di vendita e cioè a meglio comunicare l'attrattiva dei prodotti agli occhi del consumatore.

Motivazione: concetto psicologico correlato all'intensità e alla direzione del comportamento dell'uomo. Ad esempio, il perché due persone con le stesse capacità hanno livelli di prestazione diversi o il perché una persona si impegna a fondo in un compito e ne trascura un altro, possono trovare spiegazione in termini di motivazione.

Multinazionale: un'impresa multinazionale, in ambito economico, è un'impresa che organizza la sua produzione in almeno due paesi diversi.

Networking: ogni struttura interconnessa richiede la presenza di un sistema operativo di rete. Spesso le reti sono diverse tra loro e vengono suddivise in segmenti, collegati fra loro da apparati specifici quali bridge e router. Un sistema di networking che collega personal computer presenti tutti nello stesso edificio viene chiamato LAN (o rete locale), un networking che collega invece personal computer in sedi distanti viene chiamato WAN (o rete geografica).

Nicchia di mercato: è un piccolo segmento di mercato, inteso come gruppo di acquirenti che presentano caratteristiche comuni verso cui in genere le piccole e medie imprese concentrano i loro sforzi differenziando il più possibile il prodotto. Si tratta di segmenti di mercato non occupati né occupabili dalle grandi imprese (poca flessibilità e mancanza di convenienza economica).

Ordinaria amministrazione: nelle imprese, sono tali gli atti compiuti per il conseguimento dello scopo sociale, rientranti nella nozione di "gestione normale", sulla base dell'attività esercitata e delle dimensioni della stessa.

Packaging: l'insieme degli elementi e materiali usati per confezionare il prodotto (struttura, etichetta e imballaggio), al fine di renderlo più attraente, più riconoscibile, o per facilitarne il trasporto e l'utilizzazione.

Partnership: relazione di collaborazione tra due (o più) imprese, regolamentata da un contratto, centrata su uno o più progetti comuni o complementari, che prevede un grado variabile di integrazione tra le risorse delle imprese coinvolte.

Persona fisica: secondo l'ordinamento italiano sono persone fisiche gli individui che con la loro nascita diventano soggetti rilevanti ai fini del diritto, in quanto secondo l'articolo 1 del Codice civile divengono titolari di diritti e doveri, cioè acquisiscono la capacità giuridica. Con il raggiungimento della maggiore età la persona fisica acquisisce la capacità di agire, cioè la possibilità di porre in essere atti rilevanti ai fini giuridici. Al momento della morte dell'individuo si estingue anche la sua personalità giuridica.

Persona giuridica: in diritto, con la locuzione persona giuridica si intende un soggetto di diritto costituito da persone fisiche e beni che si uniscono per raggiungere fini comuni, cui l'ordinamento giuridico riconosce la capacità giuridica

Posizionamento: con il posizionamento l'impresa definisce la posizione che la propria offerta dovrà assumere rispetto alla domanda e rispetto alle caratteristiche dell'offerta della concorrenza, sul mercato obiettivo.

Produttività: può essere definita come il valore dell'output per unità di condizioni produttive (fattori di produzione) impiegate, misurabili con indicatori complessivi (valore aggiunto per addetto, fatturato per unità di capitale investito)

o con indicatori più semplici riferiti a singole unità aziendali (reparto produttivo, unità di vendita).

Produzione: fabbricazione di prodotti o allestimento di servizi per la soddisfazione dei bisogni.

Set-up time: è il tempo necessario per cambiare prodotto su un ciclo di produzione.

Sponsorizzazione: è un contratto commerciale tra due o più parti. In tale contratto una parte (detta sponsor) cerca di promuovere un marchio, un'impresa, un prodotto, un servizio finanziando un avvenimento, una manifestazione, la manutenzione di un'opera monumentale, uno spettacolo televisivo o radiofonico, un club sportivo, un personaggio famoso, gli sponsee). Lo sponsee, in cambio di un corrispettivo in danaro, si impegna a veicolare l'immagine del soggetto indicatogli dallo sponsor.

Target: letteralmente significa bersaglio. E' il gruppo di consumatori verso il quale l'impresa rivolge la propria azione commerciale

Tassa per l'occupazione di spazi e aree pubbliche (TOSAP): tassa dovuta al comune o alla provincia per occupazioni di qualsiasi natura, effettuate, anche senza titolo, nelle strade, nei corsi, nelle piazze e, comunque, sui beni appartenenti al demanio o al patrimonio indisponibile dei comuni e delle province.

Time-to-market: è il tempo intercorrente tra il momento dell'ideazione di un nuovo prodotto e la sua commercializzazione.

Time-to-user: l'intervallo di tempo che passa da una richiesta da parte dell'utente all'impresa e la risposta di quest'ultima.

Total quality management: la Qualità intesa come principio di gestione trasversale a tutte le funzioni aziendali. La Qualità è, infatti, la metodologia con la quale deve essere affrontata la vita in azienda.

Trasformazione sotto controllo doganale: regime che consente di utilizzare nel territorio doganale della Comunità merci non comunitarie per sottoporle a operazioni che ne modificano la specie e lo stato senza che queste siano soggette ai dazi all'importazione e alle misure di politica commerciale e di immettere in libera pratica, dietro pagamento dei relativi dazi all'importazione, i prodotti risultanti da tali operazioni (prodotti trasformati).

Trasporto multimodale: ricorso in modo coordinato a più mezzi di trasporto per effettuare il trasferimento della merce dal punto di partenza alla loro destinazione finale.

Tratta accettata: strumento utilizzato per i pagamenti di forniture internazionali. Il compratore riconosce un debito che viene accettato dalla banca solo dopo una verifica dei documenti relativi alla consegna e se del caso conformità del bene venduto.

Trial and errore: è un modello operativo tipico dei laboratori di ricerca; si può tradurre con prova e correggi.

TUIR. Testo Unico delle Imposte sui Redditi: è il testo fondamentale contenente le norme per la determinazione e la tassazione dei redditi: redditi fondiari; redditi di capitale; redditi di lavoro dipendente; redditi di lavoro autonomo; redditi d'impresa; redditi diversi.

Turnaround: definisce l'insieme delle attività che consente di cambiare radicalmente la situazione di un'impresa in grave difficoltà.

Unbundling: separazione tra le componenti produzione, distribuzione e servizi, atta a introdurre una maggiore competitività in queste fasi, secondo il principio della catena del valore.

Unipersonale: si dice di una S.r.l. con un solo socio. La S.r.l. unipersonale è più costosa da gestire della ditta individuale ma mette al riparo il patrimonio privato dell'imprenditore in caso di fallimento.

Vantaggio competitivo: l'insieme delle caratteristiche o attributi detenuti da un prodotto che gli conferiscono un grado di superiorità in rapporto ai concorrenti più immediati. Tali caratteristiche o attributi possono essere di varia natura e basarsi sul prodotto stesso, sulle funzioni accessorie od opzionali o sulle modalità di produzione, di distribuzione o di vendita.

Venture capital: indica sia i capitali di rischio forniti a imprese non quotate in cambio di partecipazioni sia, più spesso, la nicchia del mercato finanziario nella quale operano società specializzate nel valutare le proposte di imprese alla ricerca di capitali.

Vidimazione: operazione richiesta dalla legge per il preventivo riconoscimento da parte degli organi amministrativi di libri, registri, o altri documenti, da utilizzare nell'esercizio di un'attività.

Villaggio globale: espressione coniata dal guru della comunicazione Marshall McLuhan, intesa a sottolineare l'annullamento delle distanze sul nostro pianeta.

Vision: è la capacità di un imprenditore o di un top manager di indicare la direzione verso la quale sviluppare l'impresa. Vision è anche intuizione, immaginazione, al limite, paradosso.

Vision 2000: è il nome dato al programma di revisione delle norme ISO 9000 dall'UNI allo scopo di migliorarle lungo un periodo decennale.

Zona franca: zone territoriali che godono di benefici che vengono di volta in volta fissati da leggi particolari che regolano anche i quantitativi di consumo delle merci in tali zone.

Zona depressa: territori, comuni o province caratterizzati da arretratezza economica per i quali possono essere previste particolari agevolazioni quali, a esempio, crediti d'imposta, minor tassazione.

www.ingramcontent.com/pod-product-compliance
Lightning Source LLC
Chambersburg PA
CBHW052344220526
45465CB00003BA/955